JN328574

必要な手続きが全部分かる!

ど素人ができる 相続&贈与の申告

相続専門の税理士事務所
税理士法人チェスター 著

SE SHOEISHA

巻頭 01

知らないと損をする 税制改正のポイント

相続税を払う対象者が増えて 贈与税は全体的に減税の方向に

相続税の基礎控除額の引き下げが大きな変更点

相続税法が平成27年1月に改正され、相続税と贈与税の課税ルールが変更されました。本書でははじめに、平成27年1月からの相続税と贈与税の変更点を紹介します。最も大きな変更点は相続税の基礎控除額の引き下げです。今まで課税されなかったケースでも課税されることになるため、注目を集めています。

相続税の基礎控除額を引き下げ

相続税を計算するときには、相続する財産の額から一定の金額を差し引くことができます。これを基礎控除といいますが、その金額が引き下げられました。

改正前：
5000万円＋（1000万円×法定相続人の数）

改正後：
3000万円＋（600万円×法定相続人の数）

たとえば、相続する財産が5000万円あって法定相続人が3人いる場合、改正前は基礎控除（＝8000万円）の範囲内となり、相続税はかかりませんでした。改正後は基礎控除（＝4800万

※法定相続人：法律で定められた相続する権利のある人

002

0-1-1 法改正で相続税を支払う人が急増!?

夫の財産：合計 5,000 万円
相続人：妻と 2 人の子の計3人

改正前の基礎控除額

5,000 万円 + 1,000 万円 × 3
= 8,000 万円

基礎控除の範囲内なので
相続税ゼロ

改正後の基礎控除額

3,000 万円 + 600 万円 × 3
= **4,800 万円**

基礎控除を超えたので
相続税が発生！

※平成 27 年 1 月 1 日より法改正

0-1-2 相続税率の新旧対比表

改正前		改正後	
各法定相続人の取得金額	税率	各法定相続人の取得金額	税率
1,000 万円以下	10%	1,000 万円以下	10%
1,000 万円超 3,000 万円以下	15%	1,000 万円超 3,000 万円以下	15%
3,000 万円超 5,000 万円以下	20%	3,000 万円超 5,000 万円以下	20%
5,000 万円超 1 億円以下	30%	5,000 万円超 1 億円以下	30%
1 億円超 3 億円以下	40%	1 億円超 2 億円以下	40%
		2 億円超 3 億円以下	45%
3 億円超	50%	3 億円超 6 億円以下	50%
		6 億円超	55%

最高税率が上がった！

円)を超えた200万円に対して、相続税がかかるようになりました。

相続税の最高税率が55％に

「各法定相続人の取得金額」が2億円を超える場合の税率が改定され、最高税率が50％から55％になりました。ここでいう「各法定相続人の取得金額」とは、相続税の計算の過程で求める金額で、法定相続分で相続財産を分割した場合にそれぞれの法定相続人が取得する金額のことです。相続財産の総額のことではありません。

その他の主な変更点

未成年控除と障害者控除は、一定の年齢までの年数に応じた金額が相続税の税額から差し引かれる制度ですが、今回の改正ではこの金額が引き上げられました。

小規模宅地等の特例は、相続税の計算上、一定の要件を満たす宅地について減額されるものですが、この要件が緩和され、適用される範囲が広がりました。

贈与がやりやすくなった

相続時精算課税制度(相続税を支払う際、既に払っている贈与税と相殺できる)には、贈与する人、贈与される人ともに要件がありますが、これらの要件が緩和されます。贈与する人は、贈与した年の1月1日時点の年齢が「65歳以上」から「60歳以上」に緩和されました。また、贈与される人は、贈与者の子などの推定相続人に加えて、贈与者の孫も対象に加えられました。ただし、贈与を受けた年の1月1日時点で20歳以上であることが必要です。

贈与税・税率の改定

税率が「一般税率」と「特例税率」に分けられました。「特例税率」が適用されるのは、直系尊属(父母や祖父母など)から贈与を受けた場合です。また、どちらの

巻頭特集

0-1-3 贈与税率の新旧対比表

直系尊属（父母や祖父母）が贈与した場合の税率

改正前		改正後		
基礎控除後の課税価格	一律	基礎控除後の課税価格	一般税率	特例税率
200万円以下	10%	200万円以下	10%	10%
200万円超 300万円以下	15%	200万円超 300万円以下	15%	15%
300万円超 400万円以下	20%	300万円超 400万円以下	20%	
400万円超 600万円以下	30%	400万円超 600万円以下	30%	20%
600万円超 1,000万円以下	40%	600万円超 1,000万円以下	40%	30%
1,000万円超	50%	1,000万円超 1,500万円以下	45%	40%
		1,500万円超 3,000万円以下	50%	45%
		3,000万円超 4,500万円以下	55%	50%
		4,500万円超		55%

贈与税が全体的に下がった！

場合も、最高税率が50％から55％になりました。

例えば、祖父から孫へ1000万円のお金を贈与する場合、改正前は231万円の贈与税がかかりましたが、改正後は177万円となっているため、大きな資産を贈与する場合でも負担感が少なくなっています。このように今回の税制改正では、相続税が増税されていますが、贈与税については減税となっています。相続税の負担が増える時だからこそ、早めの節税対策を行い、生前贈与を実行することで将来の相続税負担を大きく減らすことが可能となります。

005　巻頭特集　ざっくり分かる相続・贈与のポイント

巻頭02

相続税と贈与税の対策はお早めに

「気づいたときにはもう遅い」を避けるために計画的に準備をしておこう

相続税と贈与税にはそれぞれ課税されるタイミングが定められています。これらの時期を意識して、早めに対策をとることが重要です。

相続税の課税のタイミング

相続税は、被相続人が亡くなったときが課税のタイミングになります。つまり、被相続人が亡くなってから、相続財産を少なくしたり、特例の適用を受けられるように対策をとったりすることはできません。対策をとるなら、被相続人の生前に済ませておく必要があるのです。

申告と納付は、被相続人が亡くなった日の翌日から10カ月以内にしなければなりません。

贈与税の課税のタイミング

贈与税は、毎年1月1日から12月31日までの期間が課税のタイミングになります。たとえば、複数回に分けて贈与を受けるのであれば、2回目以降の贈与を次の年に先送りすることで、次の年の基礎控除額が適用でき、贈与税額を少なくすることができます。

申告と納付は、贈与を受けた日の翌年の2月1日から3月15日までの間にしなければなりません。

0-2-1 相続税と贈与税の課税・納税タイミング

相続税

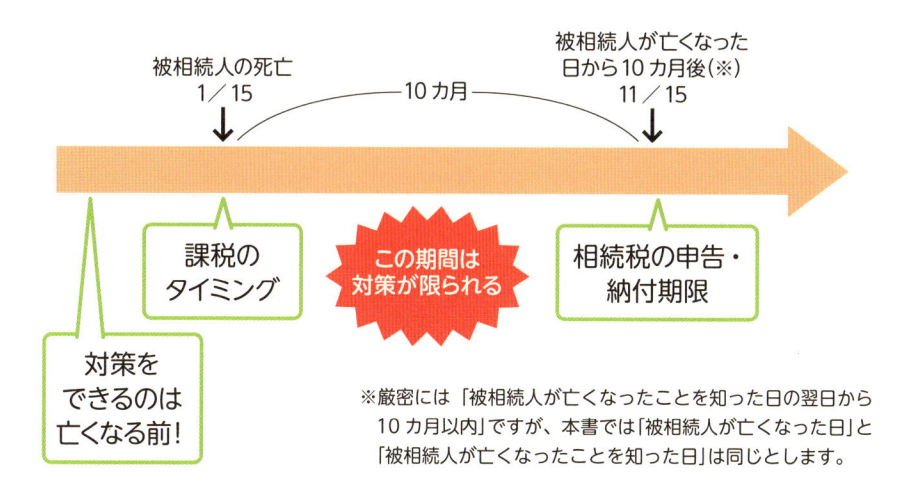

被相続人の死亡
1／15

被相続人が亡くなった日から10カ月後(※)
11／15

10カ月

課税のタイミング

この期間は対策が限られる

相続税の申告・納付期限

対策をできるのは亡くなる前！

※厳密には「被相続人が亡くなったことを知った日の翌日から10カ月以内」ですが、本書では「被相続人が亡くなった日」と「被相続人が亡くなったことを知った日」は同じとします。

贈与税

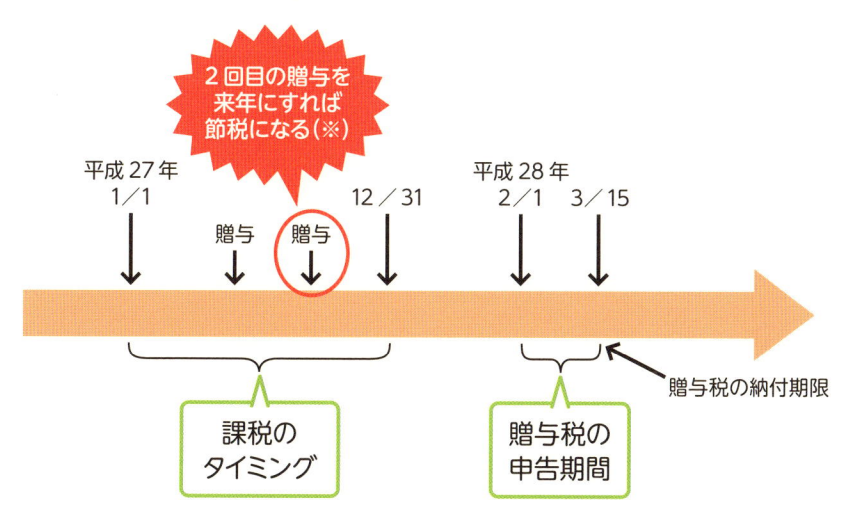

平成27年
1／1

2回目の贈与を来年にすれば節税になる(※)

12／31

平成28年
2／1　3／15

贈与　贈与

課税のタイミング

贈与税の申告期間

贈与税の納付期限

※1回目と2回目の合計額が基礎控除額を超える場合

巻頭03

相続税の対策をしないと こんなに損する

資産が現預金と自宅の土地・建物だけという人も
不動産投資などの方法を検討しよう

生前の対策で負担を軽減

前の項で紹介したとおり、被相続人が亡くなったときが、相続税の課税のタイミングになります。生前に対策をとっておくことで、相続税の負担を軽減することができます。

P9の図表では、現預金の一部を不動産投資に充てることで、節税ができる例を紹介しています。不動産の相続税法上の評価額は実勢価格よりも低くなるため、資産価値を保ちながら節税することができます（ただし、年数を経て不動産の実勢価格が下がる可能性はあります）。

図表の例とは逆のケースとして、資産の大半が不動産である場合は、むしろ不動産の売却や生命保険の活用などで現預金を用意することをおすすめします。相続税は原則として現金で一括納付することになっているからです。生前に納税資金を用意しておいて、相続した人が安心して納税まで済ませられるようにしておくことも、重要な対策です。

保有する財産の種類によって、とるべき相続税対策は異なってきますが、共通していえることは、早くから対策をすることが重要ということです。相続税という税金は、非常に節税が行いやすいのです。

008

0-3-1 相続税対策の一例

相続人: 妻、長男、二男

相続財産:
- 現預金 1億円
- 自宅の土地と建物 4,800万円（時価ではなく相続税法上での評価額）

相続対策をしていない場合

相続税額 **725万円** これだけかかる！

相続対策として生前に不動産投資をした場合

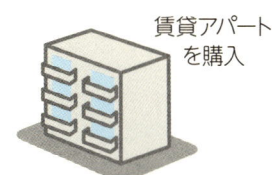

- 現金 4,000万円
- 賃貸アパートを購入 6,000万円（相続税法上の評価額は2,500万円）
- 自宅の土地と建物 4,800万円

相続税総額 **415万円** 310万円の節税！

注：不動産投資をした場合、維持費が必要であることや、将来の売却時に価値が下がる場合があることを考慮しなければいけません。

贈与税の対策をしないとこんなに損する

長期間にわたるコツコツ贈与や教育資金などの各種特例を活用しよう

対策をとるかとらないかで税額に大きな違い

贈与税は相続税に比べて基礎控除額が低く、低い金額に対しても高い税率が課されます。そのため、対策をとるかとらないかによって、贈与税額に大きな違いが出てきます。例をP11の図表で紹介します。

基礎控除額の110万円は贈与を受けた人の1年あたりの金額なので、複数年にわたって贈与を受ければ、年数分の基礎控除額が課税対象から差し引かれることになります。一括で贈与を行うと、贈与税率が高くなってしまうため、長期間に分けて分割して贈与する方が有利になります。

また新しい制度として、教育資金や結婚・子育て資金の一括贈与に対する非課税の制度があります。

ただし、使途が限定されているうえ、金融機関に専用の口座を開くなど細かい要件があります。さらに、贈与された人が一定の年齢になるまでに使い切れなければ、残額に対して贈与税がかかることにも留意する必要があります。

生前贈与による対策は、実行しやすいこともあり、多くの方がとる対策ですが、対策の方法ややり方を誤ってしまうと、反対に税負担が大きくなってしまったり、後で税務署とトラブルになったりする可能性もあるため注意が必要です。

0-4-1 贈与税対策の一例

親から子へ 3,000万円を贈与すると仮定

贈与税対策をしていない場合

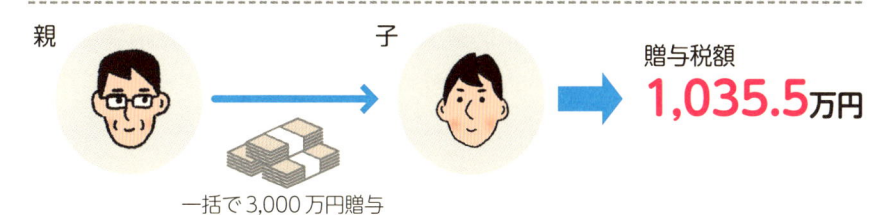

親 → 子
一括で3,000万円贈与
→ 贈与税額 **1,035.5万円**

贈与税対策①　300万円を10年にわたって贈与

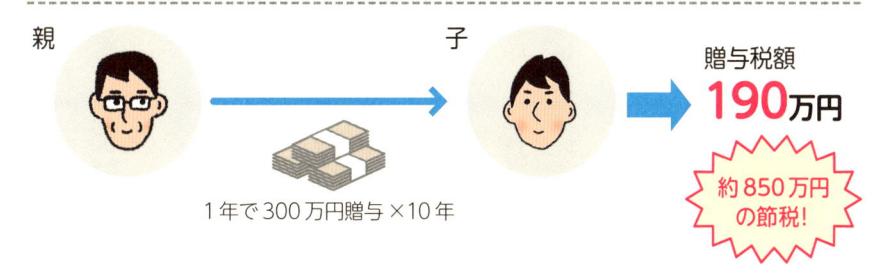

親 → 子
1年で300万円贈与×10年
→ 贈与税額 **190万円**

約850万円の節税!

贈与税対策②
1,500万円を教育資金として一括贈与し、残額を10年間にわたって贈与する場合

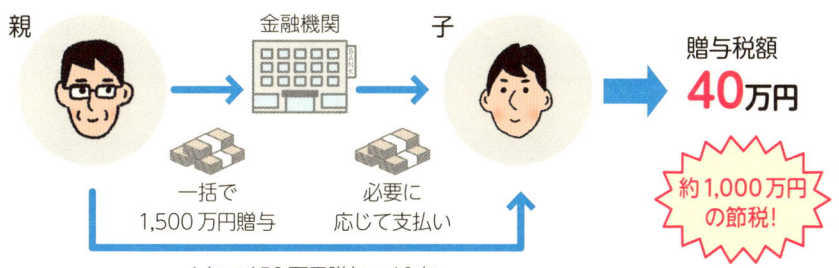

親 → 金融機関 → 子
一括で1,500万円贈与
必要に応じて支払い
1年で150万円贈与×10年
→ 贈与税額 **40万円**

約1,000万円の節税!

巻頭特集　ざっくり分かる相続・贈与のポイント

巻頭05

書類を自分で書けば お得になる理由

専門家に支払う報酬は意外に高いので
難しいケースでなければ挑戦してみよう

必ずしも専門家に依頼しなくてよい

相続ではさまざまな書類が必要になります。これらの書類は、必ずしも専門家に作成を依頼する必要はなく、自分で書くことも可能です。

メリットは、何といっても費用が抑えられる点です。遺言書、遺産分割協議書、相続税申告書の作成をすべて専門家に依頼すると、相続財産の金額にもよりますが、一般に数十万円から数百万円の報酬を支払うことになります。書類を自分で書くとこれらの負担を抑えることができます。

本書でご紹介する内容の範囲であれば、遺言書、遺産分割協議書、相続税申告書を自分で書くことは十分可能です。ぜひチャレンジしてみてください。

デメリットにも注意

先ほど、相続に関する書類を自分で書くことをおすすめしました。

しかし、十分な知識がないまま書くと、デメリットが生じることがあります。

亡くなった人が残した遺言書が形式不備のために無効になったり、遺産分割協議書に財産の記載もれがあったために遺産分割協議をやり直したり、税額計算を間違えたために税額が追加されたりといっ

0-5-1 相続で自分で書くことができる書類一覧表

遺言書

書く人：被相続人	書くタイミング：亡くなる前

- 自分で書くことができるのは、自筆証書遺言か秘密証書遺言
- 法的に遺言として認められるための要件が規定されており、適合しない遺言は無効になる
- 秘密証書遺言は公証役場で証明を受ける必要がある

遺産分割協議書

書く人：相続人	書くタイミング：遺産分割協議が終わったあと

- 遺産分割協議は相続人全員が参加して行う
- 特に様式は定められていないが、すべての相続財産について協議した内容を記載するほうがよい
- 不動産の名義変更のために提出する場合は、相続人全員の実印が押されている必要がある

相続税申告書

書く人：相続人	書くタイミング：被相続人が亡くなった日の翌日から10カ月以内

- 計算方法が複雑で、さまざまな特例もあるため、高度な知識を要する場合がある
- 申告・納税の義務がない場合は不要

たケースはよく聞かれます。こうなってしまうと、時間がかかるだけでなく、心的なストレスもかかるものです。少しでも難しいと感じたときや、高度な判断が必要になるときは、報酬を支払ってでも専門家に依頼することが賢明です。

巻頭 06

これだけある 贈与税の優遇策

平成31年まで利用できる優遇策を研究し計画的に節税対策を行おう

贈与対策を考えるときは期限に注意

贈与税には平成31年までの間でさまざまな優遇措置が設けられています。中高年層が持っている資産を若年層に譲渡することを税制面から手助けする目的のほか、平成29年4月に予定されている消費税率の引き上げの前後での住宅需要の平準化を図る目的があります。制度によって3月31日までのものと6月30日までのものがあります。贈与対策を考えるときは、期限の違いに注意してください。

① 平成31年3月31日まで
- 教育資金の一括贈与に係る贈与税の非課税措置
- 結婚・子育て資金の一括贈与に係る贈与税の非課税措置

② 平成31年6月30日まで
- 住宅取得等資金に係る贈与税の非課税措置
- 住宅取得等資金に係る相続時精算課税の特例

贈与税には様々な優遇特例があるため、まずは各特例について要件を満たしているかどうかを確認しましょう。次にどの特例が贈与する側と受け取る側にとって、本当に必要なのかどうかを考えるとよいでしょう。主には、「教育」「住宅」「結婚・子育て」の3つに分かれます。

014

0-6-1 平成31年までの贈与税の各種優遇一覧表

❶平成31年3月31日まで

教育資金(教育資金の一括贈与に係る贈与税の非課税措置)

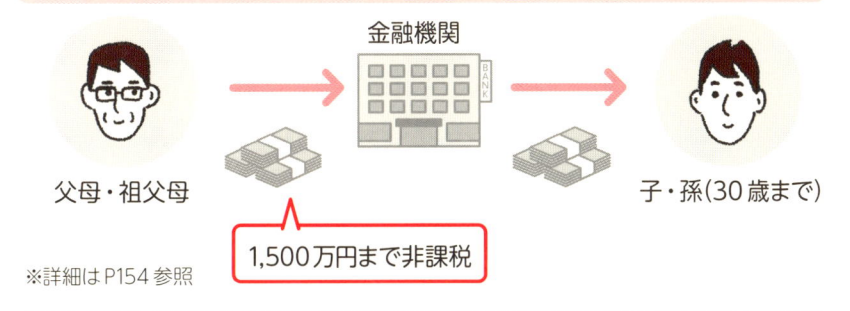

父母・祖父母 → 金融機関 → 子・孫(30歳まで)

1,500万円まで非課税

※詳細はP154参照

結婚・子育て資金(結婚・子育て資金に一括贈与に係る贈与税の非課税措置)

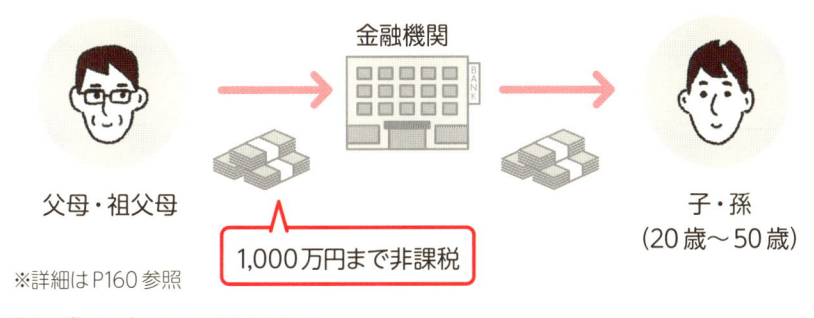

父母・祖父母 → 金融機関 → 子・孫(20歳～50歳)

1,000万円まで非課税

※詳細はP160参照

❷平成31年6月30日まで

新築・増改築資金(住宅取得等資金に係る贈与税の非課税措置)

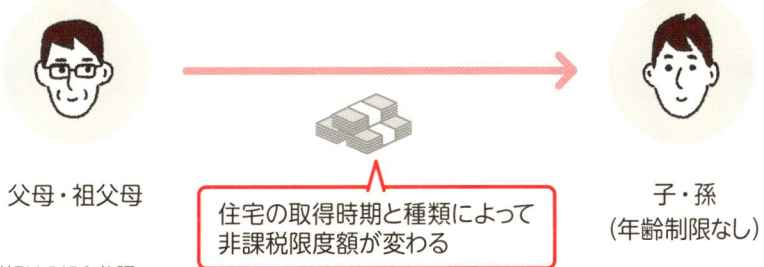

父母・祖父母 → 子・孫(年齢制限なし)

住宅の取得時期と種類によって非課税限度額が変わる

※詳細はP156参照
※似たような制度で「住宅取得等資金に係る相続時精算課税の特例」があるがこちらはP163を参照

意外に知らない相続Q&A

巻頭 07

相続専門の税理士事務所に寄せられるよくある質問に分かりやすく回答します

Q　へそくりは相続税の対象になりますか?

A　相続においても、多くのケースでは夫が先に亡くなり、妻が相続人となります。そうすると、「へそくりは、主人の相続とは関係ありませんよね?」というご相談を受けしますが、残念ながら、へそくりは夫の相続財産に加算されてしまいます。これは、相続税の対象となる財産というのは、財産の名義人ではなく、実質面を重視するためです。

Q　相続税の申告期限までに、遺産分割がまとまらない場合にはどうなりますか?

A　相続税の申告期限は、相続が起きてから10カ月と定まっていますが、それまでに財産の分け方が決まらないことは往々にしてあります。その場合でも、いったん法定相続分で財産を相続したと仮定して、相続税を支払う必要があります。そして遺産分割確定後に、確定額との差額を、納付もしくは還付してもらう手続きを行います。

Q　相続税申告の税理士報酬はいくら位かかりますか?

A　相続税の税理士報酬は自由化されており、税理士事務所ごとにばらつきがありますが、おおよそ財産総額の0・5～1・0%程度が一般的な価格帯になります。ただし、いくら税理士報酬が安くても、相続税に

巻頭特集

年間相続税申告件数
約5.4万件
÷
登録税理士数
約7.5万人
≒
税理士1人当たりの 年間相続税申告件数
約0.72万件

不慣れな税理士に依頼して、相続税を高く払い過ぎる等があっては本末転倒ですので、気をつけましょう。

Q 相続税の税理士を選ぶポイントを教えてください

A 税理士も医者と同じように、専門分野が分かれています。しかしながら、税理士の多くは相続税に詳しくありません。

このような統計データもあり、年間に相続税申告を1件も行わない税理士が大半であることが確認できます。このため、相続税に強いかどうかを判断するには、やはり「実績」が重要となります。それも昔の実績ではなく、「直近1年間の相続税申告実績」です。なぜなら税法は毎年のように変わっていて、最新の税法に精通している税理士に相談すべきだからです。相続税に強いかどうかの目安としては、「年間30件以上」、さらに事務所全体として「年間100件以上」の相続税申告実績があれば安心してお願いできるでしょう。

Q 相続税の税務調査が怖いのですが……

A 相続税の税務調査は、統計データをみると全体の約30％もの高い確率で実施されます。調査内容は故人の財産内容のみならず、相続人の財産状況まで広範囲におよびます。この税務調査率の30％という数字は、ランダムではなく、「調査に行った結果、追徴税額をとれる確率が高い」と税務署が判断した案件について実施されます。つまり相続税のことに精通した税理士であれば、相続税の税務調査に入られる確率を低減することができるのです。

017　巻頭特集　ざっくり分かる相続・贈与のポイント

巻頭 08

1分で分かる！相続税額早見表

相続する財産の額がわかっていれば
この表を使って誰でも簡単に計算できます

0-8-1 相続人が母と子2人の場合の相続税額早見表

相続財産	平成26年12月31日以前	平成27年1月1日以降	増税額
5,000万円	0	10万円	10万円
6,000万円	0	60万円	60万円
7,000万円	0	112.5万円	112.5万円
8,000万円 ケースA	**0**	**175万円**	**175万円**
9,000万円	50万円	240万円	190万円
1億円	100万円	315万円	215万円
1億5,000万円	462.5万円	747.5万円	285万円
2億円	950万円	1,350万円	400万円
2億5,000万円	1,575万円	1,985万円	410万円
3億円	2,300万円	2,860万円	560万円
3億5,000万円	3,175万円	3,735万円	560万円
4億円	4,050万円	4,610万円	560万円
4億5,000万円	4,925万円	5,492.5万円	567.5万円
5億円	5,850万円	6,555万円	705万円
6億円	7,850万円	8,680万円	830万円
7億円	9,900万円	1億870万円	970万円
8億円	1億2,150万円	1億3,120万円	970万円
9億円	1億4,400万円	1億5,435万円	1,035万円
10億円	1億6,650万円	1億7,810万円	1,160万円

0-8-2 早見表を使った計算例

ケースAの場合の計算式

❶ 相続財産合計−基礎控除額

8,000万円−(3,000万円+600万円×3人)=3,200万円

❷ 各人の法定相続分の取得額の算出

3,200万円×1/2=1,600万円(配偶者分)
3,200万円×1/4=800万円(子ども分)
3,200万円×1/4=800万円(子ども分)

※いったん相続総額を法定相続分で取得したと仮定して計算

❸ 相続税額の計算

配偶者分：1,600万円×15%−50万円=190万円
子ども分：800万円×10%=80万円
子ども分：800万円×10%=80万円
合計：**350万円**

❹ 各相続人の取得額によって按分

(たとえば、母1/2　長男1/2　次男なしで相続)

配偶者：350万円×1/2=175万円
配偶者特例(※)　▲175万円=0円

長男：350万円×1/2=175万円
二男：350万円×0=0円

※配偶者の相続額を減らす制度

相続税額は 175万円

> **解説**　相続税の計算方式は、法定相続分課税方式といわれており、相続人の人数が増えれば増えるほど、相続税の額が減額される仕組みになっています。

巻頭 09

1分で分かる！
贈与税額早見表

祖父母や父母から20歳以上の子や孫への
贈与は税率が低いので積極的に活用しよう

祖父母や父母からの贈与は得

平成27年1月1日以降、相続税は改正されましたが、贈与税は一部の範囲内で減税措置がとられています。特に、祖父母や父母から、20歳以上の子や孫への贈与については、特例贈与というカテゴリで、それ以外の贈与よりも低い税率での贈与が可能となります。

年間の贈与額が400万円程度までであれば、従来と贈与税額に差は生じませんが、それ以上になると、改正前と比較して、贈与税額が少なくなっています。たとえば年間1000万円を贈与した場合、改正前は231万円の贈与税ですが、改正後は177万円の贈与税となり、54万円もの減税となっています。

早くから実施する方が効果が高い

年間の贈与額が500万円となると、一部の資産家に限られてきますが、相続税で半分がとられてしまうのであれば、一定の贈与税を支払っても、積極的に贈与を実施していくことが効果的であることが分かります。

生前贈与は相続税対策の基本であり、早くから実施すればするほどに大きな効果があります。たとえば、**年間110万円を3人の子どもに実施すると330万円／年、**

020

巻頭特集

0-9-1 贈与税の速算表

贈与金額 (千円)	平成26年 12月31日以前		平成27年1月1日以降			
^^	^^	^^	特例贈与		一般贈与	
^^	贈与税額 (千円)	実効税率	贈与税額 (千円)	実効税率	贈与税額 (千円)	実効税率
1,000	0	0.0%	0	0.0%	0	0.0%
1,500	40	2.7%	40	2.7%	40	2.7%
2,000	90	4.5%	90	4.5%	90	4.5%
3,000	190	6.3%	190	6.3%	190	6.3%
4,000	335	8.4%	335	8.4%	335	8.4%
5,000	530	10.6%	485	9.7%	530	10.6%
6,000	820	13.7%	680	11.3%	820	13.7%
7,000	1,120	16.0%	880	12.6%	1,120	16.0%
8,000	1,510	18.9%	1,170	14.6%	1,510	18.9%
9,000	1,910	21.2%	1,470	16.3%	1,910	21.2%
10,000	2,310	23.1%	1,770	17.7%	2,310	23.1%
12,000	3,200	26.7%	2,460	20.5%	3,155	26.3%
15,000	4,700	31.3%	3,660	24.4%	4,505	30.0%
20,000	7,200	36.0%	5,855	29.3%	6,950	34.8%
30,000	12,200	40.7%	10,355	34.5%	11,950	39.8%
40,000	17,200	43.0%	15,300	38.3%	17,395	43.5%
50,000	22,200	44.4%	20,495	41.0%	22,895	45.8%
100,000	47,200	47.2%	47,995	48.0%	50,395	50.4%

→ 同じ1,000万円の贈与でも…

一般贈与の贈与税額
231万円

特例贈与の贈与税額
177万円

54万円も減税

さらに20年間続けて実施すれば、6600万円もの資産を無税で次の資産に移転することが可能となります。

もくじ

ど素人ができる相続＆贈与の申告

巻頭特集 ざっくり分かる相続・贈与のポイント

知らないと損をする税制改正のポイント ……2 ／ 相続税と贈与税の対策はお早めに ……6

相続税の対策をしないとこんなに損する ……8 ／ 贈与税の対策をしないとこんなに損する ……10

書類を自分で書けばお得になる理由 ……12 ／ これだけある贈与税の優遇策 ……14

意外に知らない相続Q&A ……16 ／ 1分で分かる！ 相続税額早見表 ……18

1分で分かる！ 贈与税額早見表 ……20

第❶章 相続税の概要を知ろう

- ❶ そもそも相続税とは何か ……28
- ❷ 相続税の対象となる財産とは何か ……30
- ❸ マイナスの財産はプラスの財産と相殺される？ ……34
- ❹ 相続税が発生するのはこの金額から ……38
- ❺ 相続税の計算で必要になる最低限の相続の知識 ……40
- ❻ 相続税が発生するタイミングと提出書類のスケジュール ……48
- ❼ 相続税を納めないとどうなる？ ……50

第2章 相続税の計算をしてみよう

01 土地の評価額を計算しよう①（路線価・倍率表）……54

02 土地の評価額を計算しよう②（不規則な形をした土地は評価が下がる）……60

03 土地の評価額を計算しよう③（角地や道路に挟まれた土地は評価が上がる）……66

04 土地の評価額を減らすお得な特例……72

05 建物や庭を相続した場合の評価方法……78

06 株式（上場・非上場）や投資信託などの評価方法……80

07 生命保険の評価方法……82

08 その他こんな財産はどうする？（車や骨とう品など）……84

09 ステップを踏めば相続税は簡単に計算できる……88

10 過去3年以内に支払った贈与税は税額控除できる……90

11 1億6000万円まで無税になる配偶者の税額軽減特例……92

12 未成年に考慮した「未成年者控除」……94

13 相続人に障害者がいる場合の「障害者控除」……96

14 短期間に相続が続いた場合の「相次相続控除」……98

15 国外にある財産を相続した場合の「外国税額控除」……100

16 生命保険は500万円×法定相続人の人数まで入ろう……102

17 こんなに得する養子縁組……104

18 現金よりも不動産が節税になる理由……106

第3章 相続税に関する書類を書いてみよう

- ⑲ 毎年コツコツ110万円贈与で大きく相続税を節税 ……… 108
- ① モデルケースから申告書の書き方を学ぼう ……… 112
- ② 第11表 相続税がかかる財産の明細書の記載例 ……… 118
- ③ 第11・11の2表の付表1 小規模宅地等についての課税価格の計算明細書 ……… 120
- ④ 第9表 生命保険金などの明細書 ……… 122
- ⑤ 第13表 債務及び葬式費用の明細書 ……… 124
- ⑥ 第14表 純資産価額に加算される暦年課税分の贈与財産価額の明細書 ……… 126
- ⑦-1 第15表 相続財産の種類別価額表 ……… 128
- ⑦-2 第15表 相続財産の種類別価額表（続） ……… 130
- ⑧ 第1表 相続税の申告書（その1） ……… 132
- ⑨ 第2表 相続税の総額の計算書 ……… 134
- ⑩ 第1表 相続税の申告書（その2） ……… 136
- ⑪ 第5表 配偶者の税額軽減の計算書 ……… 138
- ⑫-1 第1表 相続税の申告書（その3） ……… 140
- ⑫-2 第1表 相続税の申告書（続・その3） ……… 142
- コラム 節税よりももっと大切なこと ……… 144

第4章 贈与税の概要を知ろう

01 贈与税の概要をつかもう……146
02 年間110万円までなら非課税の贈与税……148
03 平成27年1月1日から2種類になる暦年課税……150
04 配偶者控除（おしどり贈与）を活用しよう……152
05 子や孫への教育資金の一括贈与の特例……154
06 住宅資金の贈与に使える特例（住宅取得等資金の贈与税の特例）……156
07 結婚・子育て資金の一括贈与の特例……160
08 相続税と贈与税の二重課税を防ぐ相続時精算課税制度……162
コラム 孫への教育資金贈与の特例がヒットした理由……164

第5章 贈与税・贈与関連の書類を書こう

01 贈与税申告書の書き方（1）……166
02 贈与税申告書の書き方（2）……168
03-1 住宅取得等資金の非課税の計算明細書の書き方（1）……170
03-2 住宅取得等資金の非課税の計算明細書の書き方（2）……172
04-1 相続時精算課税制度を適用する場合の申告書の書き方（1）……174
04-2 相続時精算課税制度を適用する場合の申告書の書き方（2）……176

第6章 遺言書などの各種書類を書いてみよう

04 相続時精算課税制度を適用する場合の申告書の書き方（3）……178

05 教育資金非課税申告書の書き方……180

06 贈与税の配偶者控除の特例（おしどり贈与）を適用する場合の申告書の書き方……182

01 遺言書は決められた形式に沿って正確に書こう……186

02 間違えない遺産分割協議書の書き方……192

03 不動産登記などの名義変更チェックリスト……196

04 不動産登記の名義変更の方法……198

05 家族が亡くなったときにすぐにやるべき手続きリスト……200

コラム 専門家によって土地の相続税評価が異なる理由……202

巻末資料 相続・贈与の申告に必要な書類リスト……203

巻末付録 土地の評価に用いる各種補正率表……209

索引……212

第1章
相続税の概要を知ろう

そもそも相続税とは何か

亡くなった人から引き継いだ財産に課税される

相続税は、亡くなった人(被相続人)から財産を引き継いだときに、その引き継いだ財産に対して課税されるものです。納税する義務があるのは相続または遺贈(遺言によって財産を引き継ぐこと)によって財産を引き継いだ人であって、亡くなった人ではありません。

亡くなった人の住所が日本国内であれば、引き継いだ財産が日本国内にあっても外国にあっても課税の対象になります。しかし、次のような場合は日本国内の財産のみ課税の対象となり、外国にある財産には課税されません。

① 亡くなった人の住所が外国にあり、相続した人に日本国籍がない場合
② 亡くなった人、財産を引き継いだ人ともに相続の5年を超えて前から住所が外国にあり、かつ、財産を引き継いだ人に日本国籍がある場合

相続税を補完する存在である贈与税

亡くなった人が残した財産が多いほど、相続税は高額になります。さまざまな軽減措置は

1-1-1 財産を上手に引き継げるようにしよう

ありますが、相続税の税率は低くても10%、最高では55%にも上ります。そのため、高額な税負担から逃れるために、配偶者や子孫に**生前贈与**しようという考えも出てきます。生前贈与を繰り返して、亡くなるまでに財産を減らしておくことで、相続のときには相続税を少なくしたり、課税されないようにしたりできるのです。

このような方法で相続税の課税を逃れることを防ぐため、また、生前贈与をした場合としない場合での不公平を避けるために、贈与税が定められています。贈与税については、第4章で詳しく紹介します。

贈与税は相続税法で規定されており、相続税を補完する位置づけにあります。相続税と贈与税で併せて、財産の引き継ぎに課税する仕組みになっています。

生前贈与
生きているうちに現金や不動産などの財産を相手に無償で与えること。

02 相続税の対象となる財産とは何か

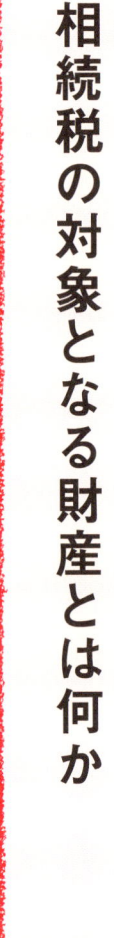

現金・土地・家屋以外にもこれだけある

相続税の課税対象となる財産は、大きく分けて、①本来の相続財産、②みなし相続財産、③生前贈与財産があります。

① **本来の相続財産**

本来の相続財産とは、亡くなった人（被相続人）が死亡したときに所有していたもので、相続人等（**受遺者**も含みます）が取得したもののことをいいます。具体的には次のようなものがあります。

- **現金、預貯金**
- **有価証券**
- **事業用資産**
- 土地、家屋などの不動産
- 家具、自動車などの動産

受遺者
遺贈（遺言によって財産を譲ること）によって財産を引き継いだ人。

有価証券
株券、小切手、債券（国債や社債）、商品券などのように財産権があることを示す証券。

事業用財産
事業を営むために必要な財産。具体的には店舗などの建物、土地、製造用の機械、配達用の自動車など。

- 貴金属、書画骨とうなど
- 電話加入権、営業権や著作権などの無形財産

また、実質的に被相続人のものであると考えられるため、次のような資産も対象になります。

- 購入または新築したものの未登記である土地、家屋
- 購入したものの名義書き換えがされていない株式
- 家族名義で預け入れて自ら管理していた預金（名義預金）

② みなし相続財産

みなし相続財産とは、死亡を原因として支払われることで、実質的に被相続人が死亡したときに所有していたとみなされる財産です。具体的には次のようなものがあります。

- 生命保険金や損害保険金
- 亡くなった人が**保険料を負担していた部分**に限ります。
- 死亡退職金、功労金、退職給付金など
- 亡くなってから3年以内に支給が確定したものに限ります。
- 生命保険契約に関する権利（保険を掛けていた人が亡くなった場合）
- 亡くなった人が保険料を負担していた部分に限ります。
- 定期金に関する権利

> **保険料を負担していた部分**
> 保険契約は、実質的には、「保険料を負担していた人の財産」として考える。

1-2-1 相続税の対象となる財産

種別	概要	主な課税対象財産
①本来の相続税	被相続人が亡くなったときに保有していた財産で、相続人が取得したもの	現金、預貯金、不動産、事業用資産、動産（自動車など）、貴金属、骨とう品、無形財産（電話加入権や著作権）
②みなし相続財産	被相続人の死亡を原因として支払われる財産	生命保険金、損害保険金、死亡退職金、功労金、退職給付金、生命保険契約の権利、定期金に関する権利
③生前贈与財産	生前に贈与された財産の一定部分に相続税を課税する	相続が発生する前3年以内の間に、贈与された財産（預貯金、不動産等）。ただし、法定相続人及び受遺者への贈与に限る

亡くなった人が掛金や保険料を負担していた部分に限ります。

③ 生前贈与財産

生前贈与によって相続税の課税を逃れることを避けるために、生前に贈与した財産の一定の部分に相続税を課税することになっています。被相続人が亡くなるまでの3年以内の期間に被相続人から贈与を受けた財産は、相続税の課税対象になります。**生前贈与についてすでに贈与税を納めているときは、相続税の計算で調整されるので、二重課税されることはありません。**相続があった年に贈与を受けた財産は、贈与税は課税されず、相続税の課税対象になります。

生前贈与財産の課税価格は、相続のときの価格ではなく、贈与したときの価格になります。また、贈与を受けた財産を使った

墓地のように非課税になる財産もある

り売却したりしても相続税の課税対象になります。

財産には、その性質、国民感情、公益性、社会政策的な見地から、課税するのが適切でないものもあります。このような財産には相続税はかかりません。具体的には次のようなものがあります。

- 生命保険金のうち一定の金額
500万円×**法定相続人**の数の金額を限度に非課税となります。
- 死亡退職金のうち一定の金額
500万円×法定相続人の数の金額を限度に非課税となります。
- 墓地、霊廟、仏壇、仏具などのような祭祀財産
宗教法人への贈与は該当しません。
- 公益事業に用いられる財産
相続から2年以内に公益事業に用いられない場合は該当しません。
- 国などに寄付した財産
引き継いだ財産をそのまま寄付する場合に限られ、財産を処分して金銭で寄付をした場合は該当しません。

法定相続人
亡くなった人の財産や債務などを相続する権利がある人のこと。

03 マイナスの財産はプラスの財産と相殺される？

亡くなった人の借金は相続財産から差し引く

相続で財産を引き継ぐ場合は、預貯金や不動産といったプラスの財産だけでなく、借金や未払いの税金などのマイナスの財産も引き継がなければなりません。相続税は、プラスの財産からマイナスの財産を差し引いた額について課税されます。

債務として差し引くことができるものとできないものの例を、図表1-3-1に示しています。

葬式費用も差し引くことができる

借金や未払金のほか、葬式などにかかった費用も差し引くことができます。葬式を行うことは社会通念上当然のことであり、その費用は亡くなった人の財産から負担されるべきであるという考えによるものです。

葬式費用として差し引くことができるものとできないものの例を、図表1-3-2に示しています。

034

1-3-1 被相続人にマイナスの財産があると？

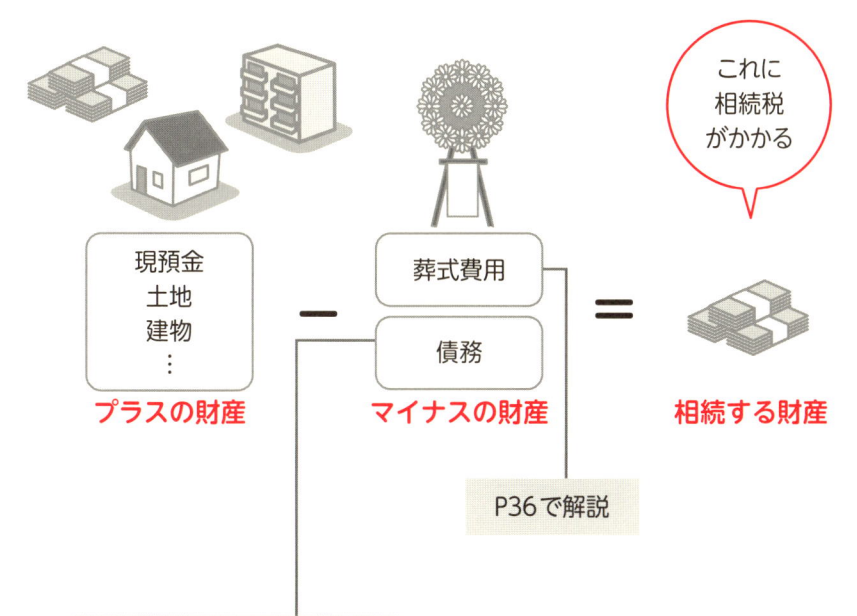

現預金
土地
建物
⋮

プラスの財産 − 葬式費用／債務 **マイナスの財産** = **相続する財産**

これに相続税がかかる

P36で解説

❶ 債務となるもの

・借入金
・未払医療費
・未払税金
・アパートなどの預かり敷金

❷ 債務とならないもの

・墓地購入の未払金など、非課税財産にかかる債務
・遺言執行費用や弁護士・税理士費用
・物納のための土地測量費用
・保証債務

マイナスの財産が多いときは要注意！

1-3-2 葬式費用となるもの、ならないもの

1 葬式費用となるもの

- 遺体や遺骨の回送・運搬費用
- 火葬や埋葬、納骨費用
- 通夜の費用など、葬式などの前後に生じた出費で通常葬式などにかかせない費用
- 葬式にあたりお寺などに対して読経料などのお礼をした費用

2 葬式費用とならないもの

- 香典返礼費用
- 墓石や墓地の購入費用や墓地の借入費用
- 初七日や法事などの費用

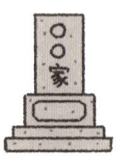

引き継いだ債務（借金）も差し引くことができる

相続人や包括受遺者（遺言に定められた相続割合で財産を引き継いだ人）が引き継いだ債務と負担した葬式費用は、相続財産から差し引くことができます。ただし、遺贈によって財産を受け取った場合で葬式費用を負担したときは、相続財産から葬式費用を差し引くことができます。

廃除によって相続権を失った人が引き継いだ債務は、相続財産から差し引くことはできません。ただし、遺贈によって財産を受け取った場合で葬式費用を負担したときは、相続財産から葬式費用を差し引くことができます。

なお、被相続人、相続人ともに5年を超えて外国に居住している場合や、被相続人が外国に居住していて相続人に日本国籍がない場合は、国内財産を取得したときに、その財産に係る一定の債務のみを差し引くことができます。葬式費用を差し引くことはできません。

相続放棄
資産・負債を相続したくない場合は、3カ月以内に家庭裁判所に対して「放棄の申述」をしなければいけません。

欠格
相続人が一定の非行をした場合には、法律上、相続権を剥奪されます。非行とは、遺言書の偽造や隠匿などを指します。

廃除
被相続人の請求に基づき、家庭裁判所が審判または調停により、遺留分（祖遺言でも侵害することができない相続人の最低限の権利）を有する特定の相続人の相続資格を剥奪する制度。

04 相続税が発生するのはこの金額から

基礎控除額とは

相続税には「この金額までなら課税しません」という基礎控除額があります。亡くなった人の財産が基礎控除額の範囲内であれば、相続税を納める必要はありません。

基礎控除額は次の式で計算します。

基礎控除額＝3000万円＋600万円×法定相続人の数

この金額は、相続税法の改正によって平成27年1月に大幅に引き下げられたものです。**この改正によって、相続税の対象者が倍以上になるともいわれています。**

改正前（平成26年12月31日までに相続が発生した場合）は「5000万円＋1000万円×法定相続人の数」でした。この基礎控除以下の財産額であれば、そもそも「相続税申告をする必要」がありません。

基礎控除額の計算でカギとなるのは、法定相続人の数です。このため相続税の節税対策で

038

1-4-1 財産総額と基礎控除額を比較しよう

養子縁組などによって法定相続人を増やす方法等がありますが、無制限に養子縁組を認めてしまうと、不当な結果になるため、民法では養子の数に制限はありませんが、相続税法では法定相続人に加えられる養子の数を制限しています。その制限は次のとおりになりますので注意してください。

● 亡くなった人に実子がいる場合は1人まで
● 実子がいない場合は2人まで

これらの人数の養子を法定相続人に含めることができます。この場合、特別養子、いわゆる連れ子養子、**代襲相続人**である養子は実子として数えます。

法定相続人の決め方は、次の項で詳しく紹介します。

代襲相続人
被相続人の子どもは第1順位の相続人となりますが、すでに子が死亡している場合は、孫が相続人となります。これを代襲相続といいます。

05 相続税の計算で必要になる最低限の相続の知識

相続を引き継げる人を意味する「法定相続人」

亡くなった人の財産を相続によって引き継ぐことができるのは、民法によって定められた範囲の親族に限られています。**これを法定相続人といい、配偶者と一定範囲内の血族（血縁関係にある親族）に限られています。**

法定相続人の中でも、相続の優先順位が定められています。

① 配偶者…配偶者は常に相続人になります
② 子…子はほかの血族より優先して相続人になります
③ 父母や祖父母（**直系尊属**）…子、子の代襲相続人や養子がいない場合は、父母や祖父母が相続人になります
④ 兄弟姉妹…子や子の代襲相続人に加えて直系尊属もいない場合は、兄弟姉妹が相続人になります

直系尊属
自分より前の世代にいる血族を尊属といいます。直系尊属とは、父母、祖父母、曾祖父母などを指します。

040

1-5-1 父（夫）が亡くなったときの相続の優先順位

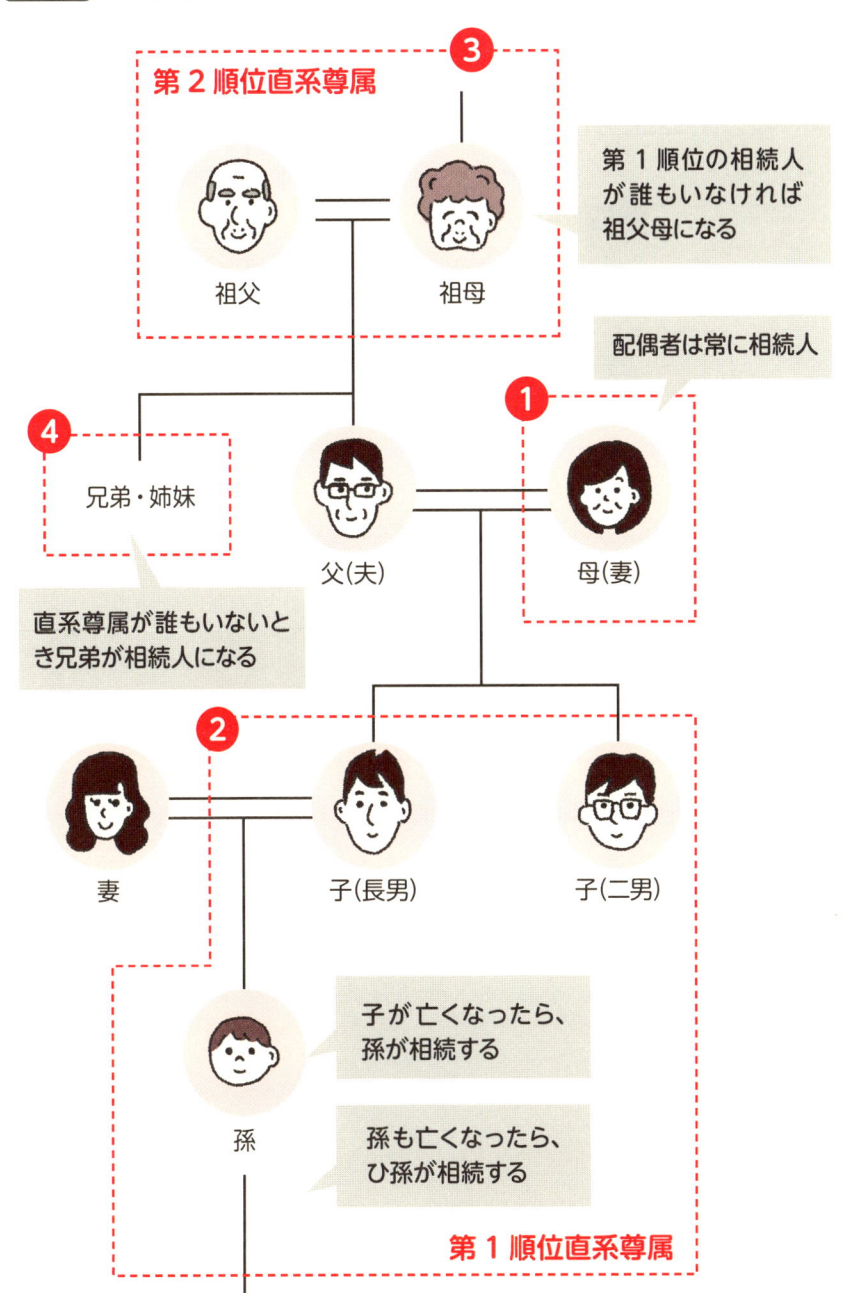

第2順位 直系尊属

❸ 第1順位の相続人が誰もいなければ祖父母になる

祖父 ― 祖母

配偶者は常に相続人

❹ 兄弟・姉妹

父(夫) ― 母(妻) ❶

直系尊属が誰もいないとき兄弟が相続人になる

❷ 妻 ― 子(長男)　子(二男)

孫

子が亡くなったら、孫が相続する

孫も亡くなったら、ひ孫が相続する

第1順位 直系尊属

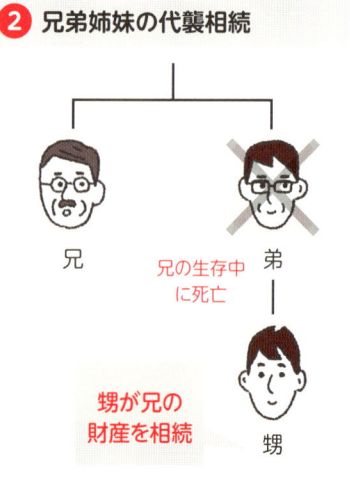

1-5-2 代襲相続のイメージ

❶ 子の代襲相続

父(夫) ― 母(妻)
　　　　子（父の生存中に死亡）
　　　　孫

孫が子に代わり相続

❷ 兄弟姉妹の代襲相続

兄　　弟（兄の生存中に死亡）
　　　甥

甥が兄の財産を相続

相続する権利が移転する「代襲相続」

相続するべき人が、相続の前に亡くなったり、相続欠格や相続廃除で相続権を失ったりした場合に、その人の子などが代わりに相続人になることを、代襲相続といいます。

代襲相続ができるのは、被相続人の子または兄弟姉妹に限られます。被相続人の配偶者と直系尊属は代襲相続ができません。また、被相続人の子または兄弟姉妹でも、相続放棄した場合は代襲相続ができません。

① 子の代襲相続…子から孫、孫から曾孫のように無制限に引き継がれます。
② 兄弟姉妹の代襲相続…一代限り、つまり被相続人の甥や姪に限られます。

1-5-3 法定相続分のイメージ

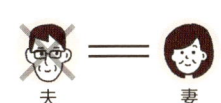

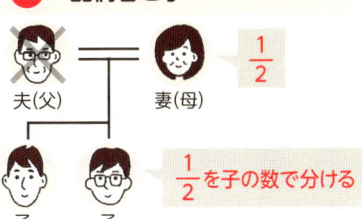

① 配偶者のみ

夫 = 妻 → 全てを相続

② 配偶者と子

夫(父) = 妻(母) → $\frac{1}{2}$

子・子 → $\frac{1}{2}$を子の数で分ける

③ 配偶者と父母または祖父母

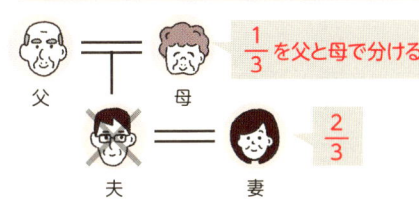

父・母 → $\frac{1}{3}$を父と母で分ける

夫 = 妻 → $\frac{2}{3}$

④ 配偶者と兄弟姉妹

夫の兄 $\frac{1}{4}$ ・ 夫 = 妻 $\frac{3}{4}$

相続する権利を示す「法定相続分」

民法では図表1－5－3のように法定相続分が定められています。

しかし、亡くなった人の財産をどのように処分するかは原則として自由であり、生前に遺言で相続割合の意思表示ができるほか、遺族が協議することで法定相続分によらない遺産分割もできます。

遺族が協議する法定相続分
遺族が遺産の分割方法について協議し、それを「遺産分割協議書」という書類にまとめれば可能です。詳細はP192を参照。

最低限相続できる割合を示す「遺留分」

被相続人に扶養されていた人に対する生活保障や、被相続人の財産形成に貢献した人への配慮などの目的で、一定の範囲の相続人には、最低限相続できる割合が定められています。これを遺留分といいます。遺留分がある人は①配偶者、②子と子の代襲相続人、③直

系尊属であり、兄弟姉妹には遺留分はありません。遺留分割合は図表1-5-4のとおりです。

遺留分は被相続人が亡くなる前であっても家庭裁判所の許可があれば放棄することができます。被相続人が亡くなった後であれば、家庭裁判所の許可がなくても放棄することができます。

遺言や遺産分割協議によって、遺留分よりも少ない財産しか受け取ることができないことを遺留分の侵害といいます。このような場合でも、遺言や遺産分割協議が直ちに無効になるわけではありません。遺留を侵害された人は、遺留分に達するまで、他の相続人から財産を取り戻すことができます。

相続する権利を剥奪する「相続欠格」と「相続廃除」

法定相続人であっても、事情によっては相続が認められない場合があります。

相続欠格は、民法の定める事由に該当したときに、直ちに相続権を失うことをいいます。相続人が故意に被相続人や他の相続人を殺害したり、詐欺や脅迫によって遺言書を書かせたりしたときなどが該当します。**被相続人が遺言で、欠格となった人に財産を与えると指定しても、それは無効になります。**

相続廃除は、被相続人が家庭裁判所に申し出ることで、相続権を失わせることをいいます。被相続人に対する虐待や侮辱など、欠格に至るほど重大な事由ではないものの著しい非行が

044

1-5-4 遺留分割合

❶ 相続人が妻のみのケース

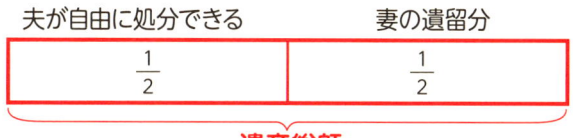

夫が自由に処分できる	妻の遺留分
$\frac{1}{2}$	$\frac{1}{2}$

⎵ 遺産総額

❷ 相続人が妻と子2人のケース

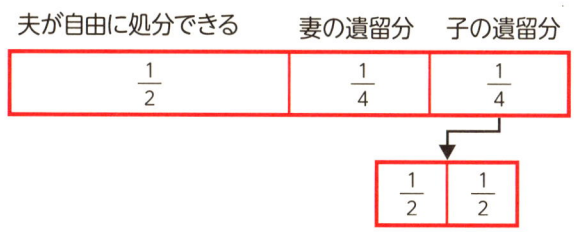

夫が自由に処分できる	妻の遺留分	子の遺留分
$\frac{1}{2}$	$\frac{1}{4}$	$\frac{1}{4}$

$\frac{1}{2}$	$\frac{1}{2}$
子Aの法定相続分	子Bの法定相続分

まず、総体的遺留分として、次の割合が定められています。

ケース	相続する割合
相続人が直系尊属のみ	$\frac{1}{3}$
それ以外	$\frac{1}{2}$

上記の総体的遺留分を法定相続分で分けたものが、個別的遺留分になります。

ケース	相続する割合
配偶者のみ	配偶者 $\frac{1}{2}$
配偶者と子（※）	配偶者 $\frac{1}{4}$、子 $\frac{1}{4}$
配偶者と直系尊属	配偶者 $\frac{1}{3}$、直系尊属 $\frac{1}{6}$
配偶者と兄弟姉妹	配偶者 $\frac{1}{2}$、兄弟姉妹 なし

※養子、子の代襲相続人も含みます。

● 子、直系尊属、兄弟姉妹が複数いるときは、上記の割合を人数で分けます。

あった場合が該当します。廃除は遺言によってすることもでき、またいつでも取り消すことができます。被相続人が遺言で、廃除された人に財産を与えると指定することは認められます。

相続欠格と相続廃除はどちらも一代限りのもので、相続欠格や相続廃除によって相続権を失った人の子などは代襲相続人となります。

生前の貢献や援助などを加味する「特別受益」と「寄与分」

相続人の中に、亡くなった人から特に高額な進学費用や住宅購入費用など援助してもらった人がいるときは、その援助額を特別受益として次のような調整を行います。

まず、特別受益を相続分の前渡しであるとみなして、相続財産に加算します。特別受益がいつされたかは問いません。次に、特別受益を加算した相続財産を分割します。特別受益を受けた人の相続分は、本来の相続分から特別受益を差し引いた額となります。

相続人の中に、亡くなった人の財産形成に特別に貢献した人がいるときは、その貢献分を寄与分として次のような調整を行います。特別に貢献した例としては、亡くなった人の配偶者や亡くなった人の事業を手伝っていた子などが挙げられます。

まず、寄与分を相続財産から差し引きます。次に、寄与分を差し引いた相続財産を分割します。寄与をした人の相続分は、本来の相続分に寄与分を加算した額となります。

特別受益と寄与分の調整は、いずれも相続人の間の不公平を解消するためのものです。

1-5-5 特別受益の例

結婚資金
長女の結婚式費用を一部負担した

学費
息子の学費を全て負担した

親との同居
二男夫婦が家賃負担を
しなくて済んだ

家の購入費
長男の住宅ローンの頭金を負担した

留学支援
三男の学費を一部負担した

06 相続税が発生するタイミングと提出書類のスケジュール

亡くなった日の翌日から10カ月以内に納税

相続税が発生するのは、相続が開始したとき、つまり、被相続人が亡くなったときです。

遺族の財産分与が確定したときではないので間違えないようにしましょう。

相続税の申告と納税の期限は、被相続人が亡くなったことを知った日の翌日から10カ月以内とされています。相続人が被相続人の臨終に立ち会ったのであれば、亡くなった日の翌日から10カ月以内と覚えておけばよいでしょう。

その他の届け出スケジュール

相続税の申告と納税の期限よりも前にするべき届け出もいくつかあります。

①相続放棄

亡くなった人の財産も借金も一切引き継がないことを相続放棄といいます。被相続人が亡くなったことを知ったときから3カ月以内に、家庭裁判所に申し出なければなりません。相続放棄をした人は、はじめから相続人でなかったことになります。

048

1-6-1 相続税の申告・納付までの流れ

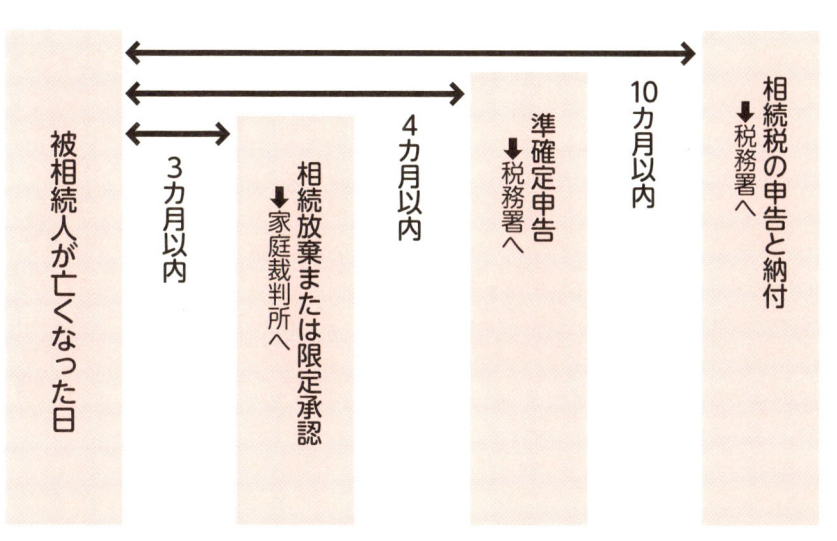

```
被相続人が亡くなった日 ─3カ月以内→ 相続放棄または限定承認 ➡ 家庭裁判所へ
被相続人が亡くなった日 ─4カ月以内→ 準確定申告 ➡ 税務署へ
被相続人が亡くなった日 ─10カ月以内→ 相続税の申告と納付 ➡ 税務署へ
```

注:「被相続人が亡くなった日」と「被相続人が亡くなったことを知った日」は同じであるとします。

② 限定承認

亡くなった人の財産と借金を引き継ぐものの、借金の返済は引き継いだ財産の額を限度とすることを限定承認といいます。限定承認をする場合は、被相続人が亡くなったことを知ったときから3カ月以内に、相続人全員が共同で家庭裁判所に申し出なければなりません。**個別に申し出ることは認められていません。**

③ 準確定申告

亡くなった人に所得税の納税義務がある場合は、被相続人が亡くなったことを知った日の翌日から4カ月以内に申告と納付をしなければなりません。

07 相続税を納めないとどうなる？

納めないと高額のペナルティーが科せられる

前項で紹介したように、相続税は亡くなったことを知った日の翌日から10カ月以内に申告と納税をしなければなりません。期限までに納税しなかった場合は、**延滞税と無申告加算税**がかかります。うっかり忘れていただけでもペナルティーが科せられますが、課税を逃れるために故意に申告しなかった場合は、より高額な**重加算税**が科されることになります。

バレないだろうと考えて申告しないケースもありますが、**相続税が課税されるだけの資産がある個人については、税務当局がおおよその資産を把握しており、高い確率で税務調査の対象になるといわれています。正しく申告・納税することを心がけましょう。**

期限までに納税できない場合の対応法

相続税を期限までに納税できない場合の対応法として、次の二通りが考えられます。

① **遺産分割協議がまとまらない場合**

相続税の申告期限までに遺産分割協議がまとまらない場合は、一度、法定相続分で遺産分

延滞税
納付するはずだった納税額に対して年14.6％を乗じた額を支払わなければいけません。

無申告加算税
期限後に、自主的に相続税の申告書を提出した場合は、納税するはずだった税額に5％を乗じた額を支払います。税務署から指摘を受けて支払う場合は、15％に増えます。

重加算税
納付するはずだった税額の40％を乗じた額を支払います。

050

1-7-1 期限はきちんと守ろう

割したと仮定して申告・納税します。後日、遺産分割協議がまとまれば、必要に応じて修正申告、期限後申告あるいは更正の請求を行います。

② 納税資金がない場合

納税資金がない場合は、一定の要件のもとで延納や物納が認められています。

延納の期間は、課税対象の相続財産に占める不動産の割合によって定められた年数（最大20年）を限度に選択できます。延納期間中は、毎年1回、税額と利子税額を納めます。一定の要件のもとで延納から物納に切り替えることも認められています。

物納に充てることができるのは、亡くなった人から引き継いだ財産に限られます。なお、物納に充てた財産は相続税評価額で評価されることに注意が必要です。小規模宅地等の評価減の特例を受けた宅地は、評価減された後の金額でしか評価されません。

第2章
相続税の計算をしてみよう

01 土地の評価額を計算しよう① （路線価・倍率表）

遺産の価値は時価で評価する

相続税法では、相続財産の価値は時価で評価することとされています。しかし、不動産や取引市場のない株式などは、時価をつけるのは難しく、評価する人によって評価がまちまちになることもあります。時価の評価を公平にするため、相続税法では、相続財産の価値を評価するための基準を「財産評価基本通達」に定めています。本章では、相続財産の評価方法を紹介します。特に、不動産について多くの紙面を割きます。

土地は「地目」と「画地」で評価する

土地の評価は、宅地、田、畑、山林などの**地目**ごとに定められた単位で評価します。宅地は、利用の単位となっている1**画地**の宅地ごとに評価します。1画地の宅地が登記上2筆以上に分かれている場合や、逆に登記上**一筆の土地**が2つ以上の画地に分かれている場合も、利用の単位となっている1画地の宅地ごとに評価します。

宅地の評価方法には「路線価方式」と「倍率方式」があります。路線価図に路線価が記載

地目
登記所の登記官が、実際にその土地を見て認定する土地の用途。

画地
相続税や固定資産税の計算で、土地を評価するために用いられる土地の単位。

一筆の土地
土地の数を示す言葉。通常は、地番がつけられる。土地登記簿において、一つの土地を一筆と数え、所有権もそれに対応して一つ存在すると考える。

054

2-1-1 土地の評価単位

❶ 登記上二筆に分かれている宅地を一体のものとして利用している場合。

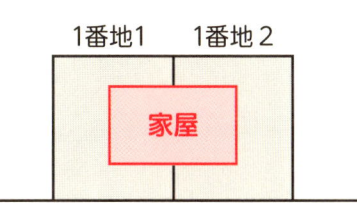

```
1番地1    1番地2
     [家屋]
```

「1番地1」と「1番地2」をあわせて1画地として評価します。

❷ 登記上の一筆の宅地を区分して、それぞれ異なる用途で利用している場合

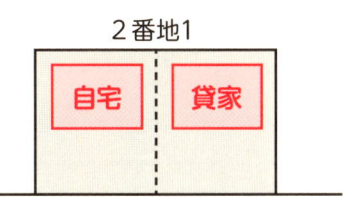

```
     2番地1
  [自宅] [貸家]
```

自宅部分、貸家部分のそれぞれを1画地として評価します。
登記上「2番地1」の一筆の土地は、2画地に分かれます

路線価方式での評価方法

されていれば「路線価方式」で、記載がなければ「倍率方式」で評価することになります。**一般的に市街地は「路線価方式」で、それ以外の土地は「倍率方式」**で評価します。

路線価方式は、評価する宅地に面した道路ごとに定められた路線価から評価額を求める方法です。これを基本に、土地の形状、奥行の長さや間口の幅などに応じて定められた倍率で調整します。

路線価図は、毎年7月1日にその年の分が公表されます。全国の国税局や税務署の端末や、国税庁ホームページでも見ることができます。路線価図の例をP56～57で、路線価方式の基本的な計算方法をP58以降で紹介します。

2-1-2 路線価図の読み方①

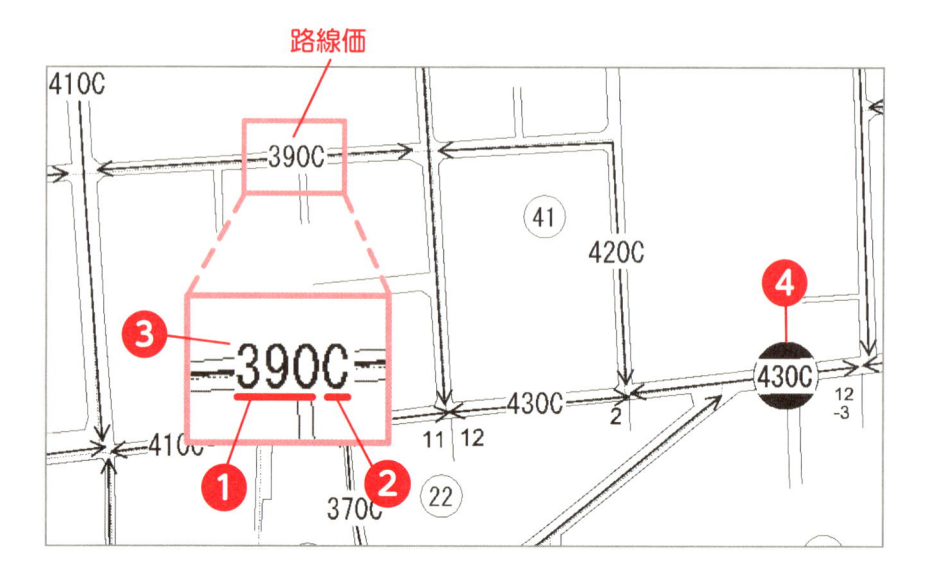

❶ 金額は1㎡あたりの路線価を千円単位で表しています。この道路に面している住宅の場合、390 × 1,000 円 = 39 万円となります

❷ 金額のあとのアルファベット記号は、借地権割合を表しています。土地に借地権がある場合は、1㎡あたりの路線価に右表の借地権割合をかけます。この場合はCなので、39 万円 × 70 % = 27 万 3,000 円です

❸ 金額を囲む図形がない場合は、「普通住宅地区」であることを表しています

❹ 金額を囲む図形は地区区分（P57）と借地権割合の適用範囲（P57）を示す記号です

記号	借地権割合
A	90%
B	80%
C	70%
D	60%
E	50%
F	40%
G	30%

解説

借地権
一般的に住宅などの建物を使う目的で土地を有償で借りることを「借地権がある」と表現します。借地権があると簡単に土地の売買ができないので、土地の評価額は下がります。

2-1-3 路線価図の読み方②

路線価の「地区区分」

図形	地区区分
囲む図形なし	普通住宅地区
○	普通商業・併用住宅地区
楕円	高度商業地区
八角形	繁華街地区
六角形	ビル街地区
◇	中小工場地区
□	大工場地区

数字を囲む図形が地区区分

430C

地区区分が違うと補正率(P61)などが変わる

地区区分と借地権割合の適用範囲の記号の読み方

430C

黒塗りは道路に面している土地のみに路線価が適用される

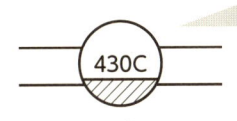

430C

何もなければ上側の地域全てに路線価が適用される

斜線がある方は路線価が適用されない

第2章 相続税の計算をしてみよう

2-1-4 路線価方式の基本的な計算方法

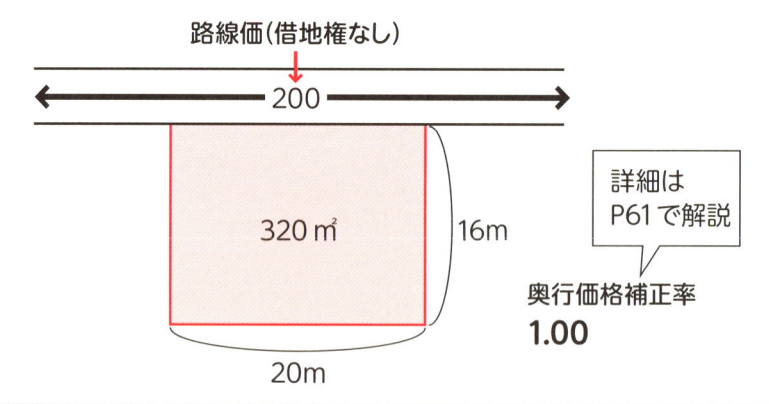

路線価（借地権なし）
↓
← 200 →

320 ㎡ 16m

20m

詳細は
P61で解説

奥行価格補正率
1.00

❶ 1㎡あたりの価額

路線価	×	奥行価格補正率	=	1㎡あたりの価額
200,000円	×	1.00	=	200,000円

❷ 評価額

1㎡あたりの価額	×	面積	=	評価額
200,000円	×	320㎡	=	64,000,000円

倍率方式での評価方法

倍率方式は、評価する土地の固定資産税評価額に、地域と地目に応じて定められた倍率を掛けて評価額を求める方法です。倍率表は路線価図と同じく、毎年7月1日にその年の分が公表されます。倍率表の例と倍率方式の基本的な計算方法をP59で紹介します。

2-1-5 倍率表の見方と倍率方式の基本的な計算方法

●倍率表の例

市区町村名：○○市　　　　　　　　　　　　　　　○○税務署

音順	町（丁目）又は大字名	適用地域名	借地権割合 ❶	固定資産税評価額に乗ずる倍率等 ❸					
				宅地 ❷	田	畑	山林	原野	牧場	池沼
			％	倍	倍	倍	倍	倍	倍	倍
あ	赤塚	一部	—	路線	比準	比準	比準	比準		
		上記以外の地域	60	1.1	比準	比準	比準	比準		
う	上野1丁目	全域	—	路線	比準	比準	比準	比準		
	上野2丁目	全域	—	路線	比準	比準	比準	比準		
お	大畑	全域	60	1.1	比準	比準	比準	比準		

❶ 「借地権割合」欄：路線価方式で評価する地域は、路線価図に借地権割合が表示されるので、倍率表には表示されません。

❷ 「宅地」欄：「路線」とあるところは、路線価方式で評価する地域です。

❸ 「田」「畑」「山林」「原野」「牧場」「池沼」欄：それぞれの評価方法が表示されます。宅地以外の土地の評価方法は、本書では割愛します。

●○○市大畑の計算方法

○○市大畑にある、固定資産税評価額 5,000,000 円の宅地を評価する場合。上記の倍率表より、大畑の宅地の倍率は 1.1 倍であることが分かります。

（固定資産税評価額）×（倍率）＝（評価額）
　5,000,000 円　×　1.1　＝　5,500,000 円

※ 固定資産税評価額は、都税事務所や市区町村役場で確認できます。

02 土地の評価額を計算しよう②（不規則な形をした土地は評価が下がる）

基本的な土地の評価方法は、前項で紹介したとおりですが、**実際には、土地の状況によって利用価値は大きく変わります**。土地の形状がいびつであったり、奥行が極端に長かったり、間口が極端に狭かったりすると、利便性が悪いため評価額は低くなります。一方、複数の道路に面している場合は、利便性が高いので評価額は高くなります。

路線価方式で評価する場合は、奥行の長さや間口の幅などに応じて定められた補正率で評価額を減額します。複数の道路に面している場合は、その影響額を加算します。補正率と加算率については、このあと簡単にご紹介します。

なお、倍率方式で評価する場合は、すでに固定資産税評価額に土地の状況に応じた調整が反映されているので、補正や加算をする必要はありません。

評価額を引き下げる補正率

① 奥行価格補正率

道路からの奥行が極端に短い場合や長い場合は、利便性が悪いため評価額は低くなります。「奥行価格補正率」は、その土地の**地区区分**と奥行の長さに応じて定められています。

> **地区区分**
> 宅地の利用状況がおおむね同じである地域ごとに指定される地区の区分です。「普通住宅地区」、「普通商業・併用住宅地区」、「中小工場地区」などがあります。

060

2-2-1 奥行価格補正率とは？

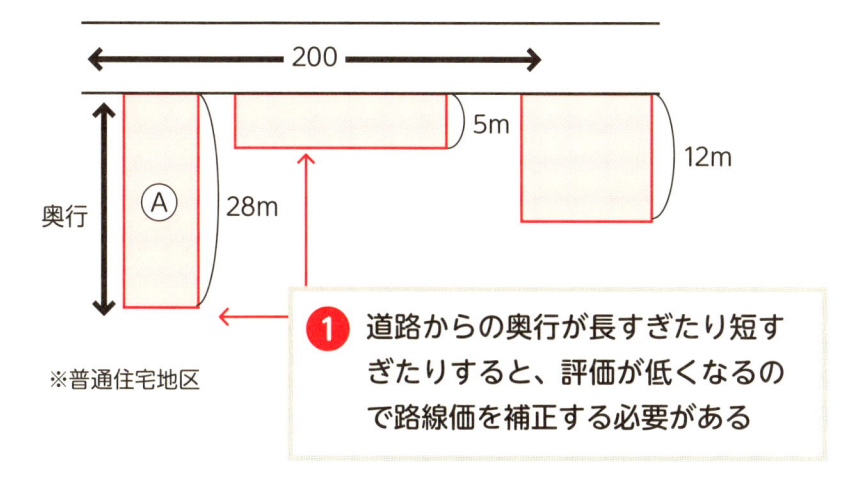

```
←――― 200 ―――→
         ┌─ 5m ─┐        ┌─ 12m ─┐
  Ⓐ   28m
```
※普通住宅地区

❶ 道路からの奥行が長すぎたり短すぎたりすると、評価が低くなるので路線価を補正する必要がある

❷ 地区区分によっても土地の評価は変わる

奥行価格補正率は①と②の組み合わせで決まる

参考：奥行価格補正率表（平成19年分以降）

地区区分 奥行距離 （メートル）	ビル街地区	高度商業地区	繁華街地区	普通商業・併用住宅地区	普通住宅地区	中小工場地区	大工場地区
4未満	0.8	0.9	0.9	0.9	0.9	0.85	0.85
4以上6未満		0.92	0.92	0.92	0.92	0.9	0.9
6 〃 8 〃	0.84	0.94	0.95	0.95	0.95	0.93	0.93
8 〃 10 〃	0.88	0.96	0.97	0.97	0.97	0.95	0.95
10 〃 12 〃	0.9	0.98	0.99	0.99	1	0.96	0.96
12 〃 14 〃	0.91	0.99	1	1		0.97	0.97
14 〃 16 〃	0.92	1				0.98	0.98
16 〃 20 〃	0.93					0.99	0.99
20 〃 24 〃	0.94					1	1
24 〃 28 〃	0.95				0.99		
28 〃 32 〃	0.96		0.98		0.98		

出所：国税庁ホームページ「奥行価格補正率表」
https://www.nta.go.jp/shiraberu/zeiho-kaishaku/tsutatsu/kihon/sisan/0.8kaishaku/tsutatsu/kihon/sisan/hyoka/02/07.htm

② 間口狭小補正率と奥行長大補正率

間口が狭い宅地や奥行長大補正率に対しては「間口狭小補正率」によって、間口の幅に比べて奥行が極端に長い土地は「奥行長大補正率」によって評価額が減額されます。奥行価格補正率で調整した路線価に対してこれらの補正をするので、一般的な宅地に比べて減額の割合は大きくなります。

③ 不整形地補正率

形状がいびつな土地は、正方形や長方形の土地に比べて利便性が悪いため、評価額は低くなります。「不整形地補正率」は、その土地の地区区分、面積と不整形の程度に応じて定められています。

不整形地の評価額は、実際の面積に路線価（奥行価格補正率で補正した値）を掛けて求めた値に、「不整形地補正率」を掛けたものとなります。

各種補正率や加算率の調べ方
測量図があれば、測量図をベースに計算することが可能。測量図がなければ、現地を実際にメジャー等で測って確認する必要があります。

062

2-2-2 間口と奥行きによって変わる補正率のイメージ

❶ 間口狭小補正率

←―― 200 ――→

5m

10m

（普通住宅地区）

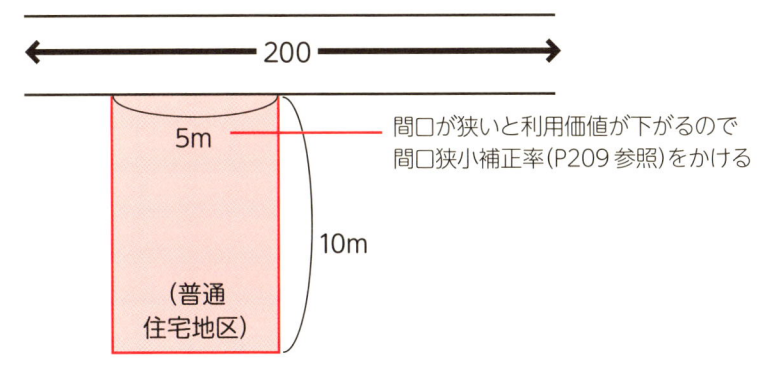

間口が狭いと利用価値が下がるので間口狭小補正率（P209参照）をかける

普通住宅地で間口5mだと補正率は0.94なので…

路線価	×	奥行価格補正率	×	間口狭小補正率	=	1㎡あたりの価額
200,000円	×	1.00	×	0.94	=	188,000円

❷ 奥行長大補正率のイメージ

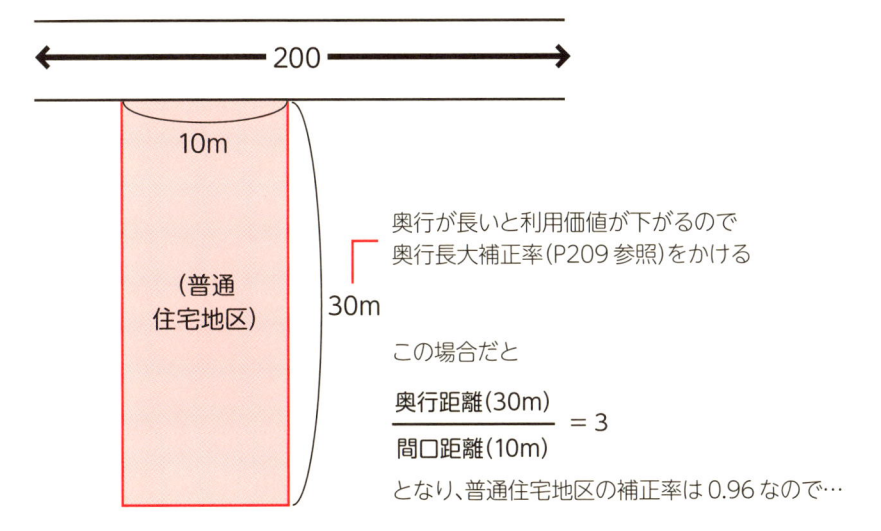

←―― 200 ――→

10m

（普通住宅地区）

30m

奥行が長いと利用価値が下がるので奥行長大補正率（P209参照）をかける

この場合だと

$$\frac{奥行距離(30m)}{間口距離(10m)} = 3$$

となり、普通住宅地区の補正率は0.96なので…

路線価	×	奥行長大補正率	=	1㎡あたりの価額
200,000円	×	0.96	=	192,000円

2-2-3 不整形地の評価方法①

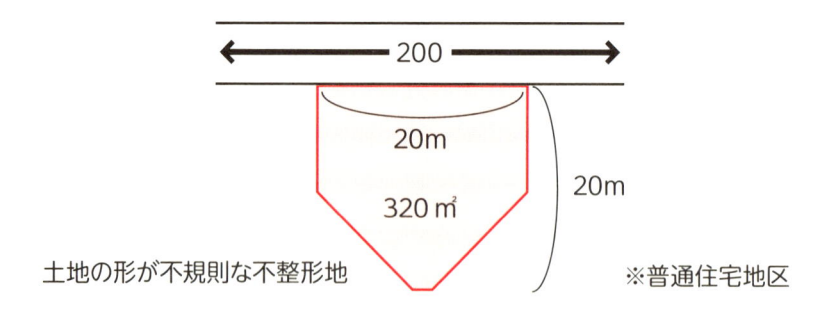

200
20m
20m
320㎡

土地の形が不規則な不整形地　　※普通住宅地区

❶ 想定整形地の大きさを計算する

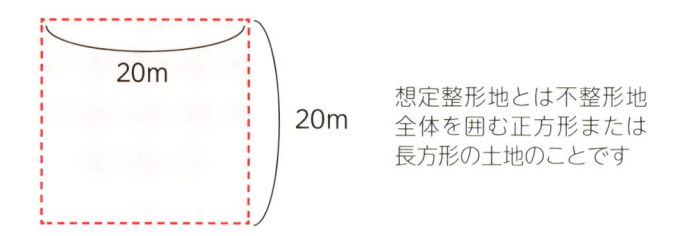

20m
20m

想定整形地とは不整形地全体を囲む正方形または長方形の土地のことです

❷ 計算上の奥行の長さを求める

実際の奥行の長さは20mですが、下記の計算で「計算上の奥行の長さ」を求めます

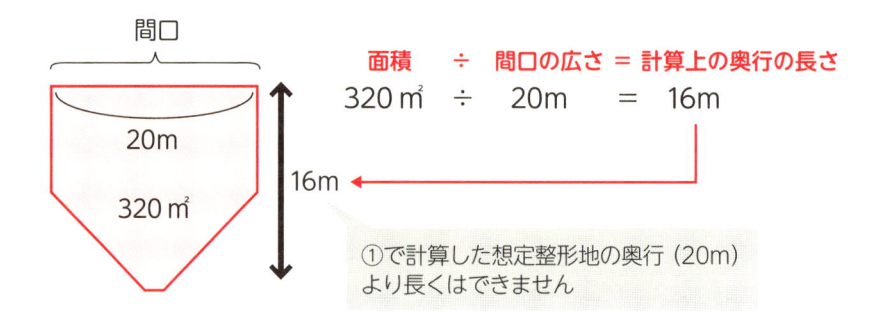

間口
20m
320㎡
16m

面積　÷　間口の広さ　=　計算上の奥行の長さ
320㎡　÷　20m　　=　16m

①で計算した想定整形地の奥行（20m）より長くはできません

2-2-4 不整形地の評価方法②

❸ 1㎡あたりの価額を求める

普通住宅地区で奥行16mのときの
奥行価格補正率は1.00なので…

詳細はP61

路線価	×	奥行価格補正率	=	1㎡あたりの価額
200,000円	×	1.0	=	200,000円

❹ かげ地割合を求める

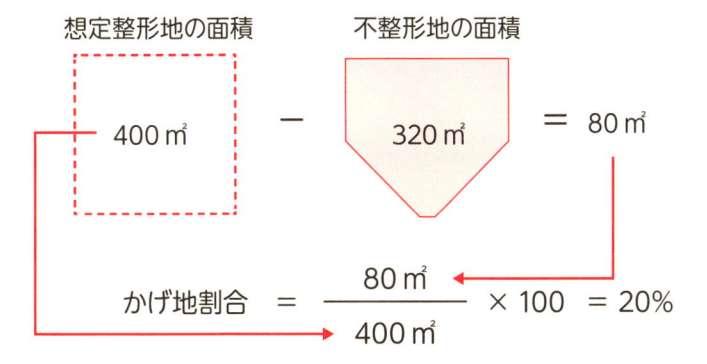

想定整形地の面積　　不整形地の面積

400㎡ − 320㎡ = 80㎡

$$かげ地割合 = \frac{80㎡}{400㎡} \times 100 = 20\%$$

❺ かげ地割合から不整形地補正率を求める

普通住宅地区で、面積が500㎡未満で、かげ地割合が20%のとき、
不整形地補正率は0.94になる　　詳細はP211

❻ 最終的な評価額を計算する

1㎡あたりの価額	×	面積	×	不整形地補正率	=	評価額
200,000円	×	320㎡	×	0.94	=	60,160,000円

土地の評価額を計算しよう③（角地や道路に挟まれた土地は評価が上がる）

評価額を引き上げる加算率

① 側方路線影響加算率

評価する宅地が道路の曲がり角や交差点の角にある場合は、利便性が高いので評価額は高くなります。宅地に面した2つの道路の路線価（奥行価格補正率で補正した値）のうち高い方を「正面路線価」とします。正面路線価を基礎として、もう一方の道路（側方路線）の路線価で評価した値に「側方路線影響加算率」を掛けた額を加算します。三方が道路に接している場合や四方が道路に囲まれている場合も、正面路線価による評価を基礎に、側方路線の数だけ影響額を加算します。

② 二方路線影響加算率

評価する宅地の正面と裏面に道路がある場合も、評価額が高くなります。正面路線価を評価の基礎として、もう一方の道路（裏面路線）の路線価で評価した値面積を掛けた値を基礎として、もう一方の道路（裏面路線）の路線価で評価した値面積を掛けた値に「二方路線影響加算率」を掛けた額を加算します。

2-3-1 交差点の角にある宅地の評価方法①

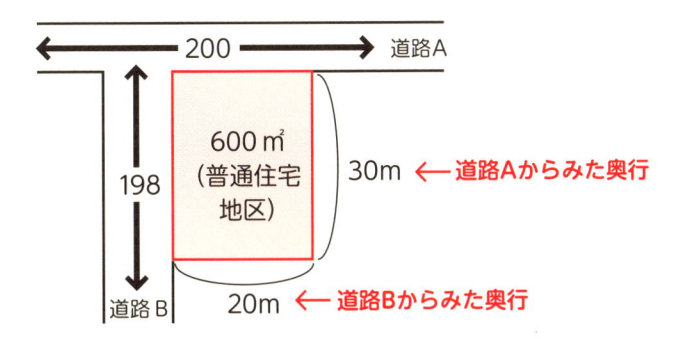

```
          ← 200 →    道路A
        ┌─────────┐
        │  600㎡   │
    198 │(普通住宅  │ 30m ← 道路Aからみた奥行
        │  地区)   │
        └─────────┘
  道路B    20m    ← 道路Bからみた奥行
```

❶ 道路Aからみた路線価を計算する

道路Aからみると奥行は30mなので、P61の表より奥行価格補正率は0.98となる

道路A : 200,000円 × 0.98 = 196,000円

❷ 道路Bからみた路線価を計算する

道路Bからみると、奥行は20mなので、P61の表より奥行価格補正率は1.00となる

道路B : 198,000円 × 1.00 = 198,000円

❸ 正面路線価と側方(そくほう)路線価を判定する

道路A:196,000円　　<　　道路B:198,000円
　　　　↑　　　　　　　　　　　↑
　小さい方が側方路線価　　　大きい方が正面路線価

2-3-2 交差点の角にある宅地の評価方法②

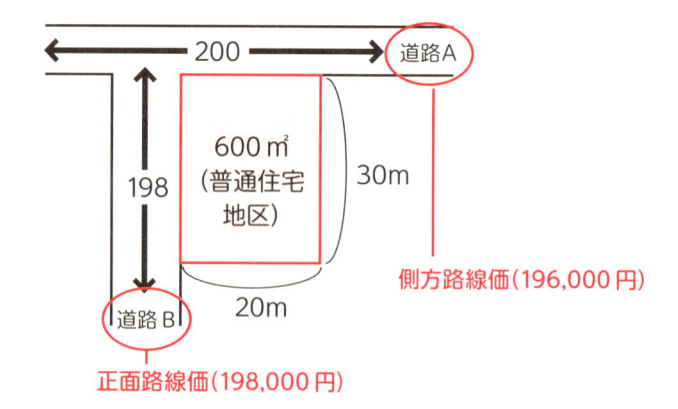

```
←―― 200 ――→  道路A
         ┌──────┐
         │ 600㎡ │
    198  │(普通住│ 30m
         │ 宅地区)│
         │      │
         └──────┘  側方路線価(196,000円)
    道路B   20m
    正面路線価(198,000円)
```

❹ 側方路線影響加算率を計算する

1㎡あたりの価額を計算するには、まず、側方路線価に、側方路線影響加算率をかける必要がある
下の表から、0.03なので…

側方路線価 × 側方路線影響加算率 ＝ （A）
196,000円 × 0.03 ＝ 5,880円

側方路線影響加算率表

地区区分	加算率 角地	加算率 準角地
ビル街地区	0.07	0.03
高度商業地区 繁華街地区	0.10	0.05
普通商業・併用住宅地区	0.08	0.04
普通住宅地区 中小工場地区	0.03	0.02
大工場地区	0.02	0.01

参考
角地
交差点にある土地

準角地
曲がり角にある土地

出所：国税庁ホームページ「側方路線影響加算率表」
https://www.nta.go.jp/shiraberu/zeiho-kaishaku/tsutatsu/kihon/sisan/hyoka/02/07.htm

2-3-3 交差点の角にある宅地の評価方法③

❺ 1㎡あたりの価額を求める

P68の④で求めた（A）と正面路線価を加える

（A）　＋　正面路線価　＝　1㎡あたりの価額
5,880円　＋　198,000円　＝　203,880円

❻ 評価額を計算する

1㎡あたりの価額　×　面積　＝　評価額
203,880円　×　600㎡　＝　122,328,000円

順を追って落ちついて計算しよう

2-3-4 正面と裏面に道路がある宅地の評価方法①

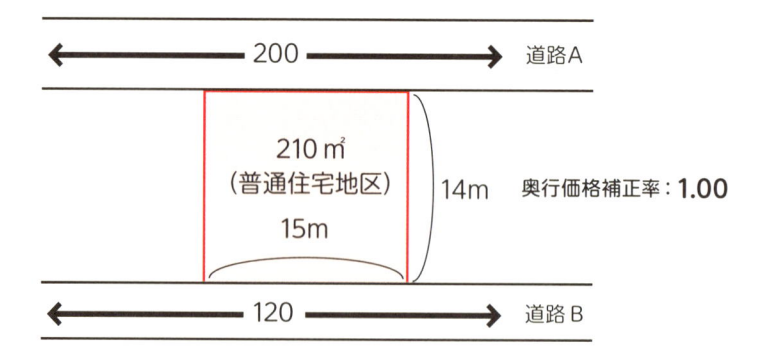

```
←――― 200 ―――→  道路A
┌─────────────┐
│   210㎡     │
│ (普通住宅地区)│ 14m   奥行価格補正率：1.00
│    15m      │
└─────────────┘
←――― 120 ―――→  道路B
```

❶ 道路Aと道路Bの路線価を比較する

　　　　　　路線価　　×　奥行価格補正率

道路A：　200,000円　×　　1.00　　＝　200,000円

道路B：　120,000円　×　　1.00　　＝　120,000円

❷ 正面路線価と裏面路線価を判定する

道路A：200,000円　＞　道路B：120,000円
　　　↑　　　　　　　　　　　↑
大きい方が正面路線価　　小さい方が裏面路線価

2-3-5 正面と裏面に道路がある宅地の評価方法②

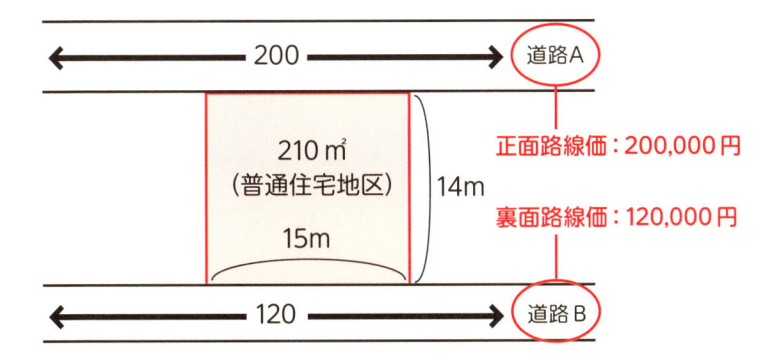

```
          ←―――― 200 ――――→  道路A
          
          ┌──────────┐
          │          │
          │  210㎡   │      正面路線価：200,000円
          │（普通住宅地区）│ 14m
          │          │      裏面路線価：120,000円
          │   15m    │
          └──────────┘
          ←―― 120 ――→     道路B
```

❸ 二方路線影響加算率を計算する

1㎡あたりの価額を計算するには、まず、裏面路線価に二方路線影響加算率をかける必要がある

裏面路線価　×　二方路線影響加算率
120,000円　×　　　0.02　　　＝　2,400円　…(A)

二方路線影響加算率表

地区区分	加算率
ビル街地区	0.03
高度商業地区　繁華街地区	0.07
普通商業・併用住宅地区	0.05
普通住宅地区・中小工場地区・大工場地区	0.02

出所：国税庁ホームページ「二方路線影響加算率表」
https://www.nta.go.jp/shiraberu/zeiho-kaishaku/tsutatsu/kihon/sisan/hyoka/02/07.htm

❹ 1㎡あたりの価額を求める

③で求めた(A)と正面路線価を足す

正面路線価　＋　(A)　＝　1㎡あたりの価額
200,000円　＋　2,400円　＝　202,400円

❺ 評価額を計算する

1㎡あたりの価額　×　面積　＝　評価額
202,400円　×　210㎡　＝　42,504,000円

04 土地の評価額を減らすお得な特例

小規模宅地等の評価減の特例

小規模宅地等の評価減の特例は、相続や遺贈で受け取った財産のうち、被相続人または被相続人と同一生計であった親族が居住していたか事業を営んでいた宅地の一定面積までの部分について、**課税価格を減額する制度**です。生活の基盤となる財産に対する課税を軽減することで、相続人の生活を保障する目的があります。

この特例の適用を受けるためには、**相続税の申告期限**までに遺産分割を確定させなければなりません。ただし、申告期限から3年以内であれば、修正申告や更正の請求などで特例の適用を受けることができます。また、特例を適用した結果、評価額が基礎控除額を下回る場合でも、特例の適用を受けるためには申告書を提出する必要があります。

特例の適用が受けられる宅地が複数ある場合は、どの宅地で適用を受けるかについての決まりはありません。評価額の高い宅地に適用することで節税効果を高めることができます。

相続税の申告期限
P.49を参照。

特定居住用宅地の評価減の特例

「亡くなった人が居住していた宅地」を配偶者や親族が相続した場合に、その宅地の330㎡までの部分の評価額を80％減額することができます。特例の適用を受けるための要件は次のとおりです。

① 配偶者が相続した場合

　宅地を相続しただけで適用が受けられます。相続した後に売却したり賃貸に出したりしても適用が受けられます。

② 同居の親族が相続した場合

　相続した宅地を相続税の申告期限まで保有し、かつそこに居住することで適用が受けられます。

③ その他の親族が相続した場合

　亡くなった人に配偶者や同居の親族がおらず、相続した親族は相続の3年前までに自己または自己の配偶者の持ち家に住んだことがなく、相続した宅地を相続税の申告期限まで保有することで適用が受けられます（通称：家なき子特例）。

2-4-1 小規模宅地等の減額割合

利用状況		減額の対象となる宅地等	減額の対象となる限度面積	減額割合
居住用		特定居住用宅地等	330㎡（※）	80%
事業用	貸付事業以外	特定事業用宅地等	400㎡	80%
	貸付事業	貸付事業用宅地等	200㎡	50%

事業用の宅地には、ほかに「特定同族会社事業用宅地等」がありますが、本書では割愛します。
※平成27年1月1日から、それまでの240㎡から330㎡に拡大されました。

特定事業用宅地の評価減の特例

亡くなった人が事業を営んでいた宅地を相続した場合は、その宅地の400㎡までの部分の評価額を80％減額することができます。親族が事業を引き継いで、かつ事業を継続することで適用が受けられます。相続税の申告期限まで保有し、かつ事業を継続することで適用が受けられます。

賃貸アパート、貸ビルや駐車場用の宅地は特定事業用宅地ではなく、次の項で紹介する貸付事業用宅地になります。

貸付事業用宅地の評価減の特例

賃貸アパート、貸ビルなどの不動産貸付や駐車場事業に利用されている宅地を相続した場合は、その宅地の200㎡の部分について評価額を50％減額することができます。建物や構築物があること

条件であるため、舗装していない地面を区画しただけの青空駐車場などは適用を受けることはできません。

貸付事業用宅地の評価減の特例と、特定居住用宅地・特定事業用宅地の評価減の特例を併せて適用を受ける場合は、調整計算によって限度面積が定められます。それぞれの特例の限度面積まで適用が受けられるわけではありません。

宅地を貸している場合の評価方法

宅地を賃貸している場合や、宅地の上に賃貸アパートなどを建てている場合の評価は、自用地（賃貸していない宅地）の評価額から、**借地権**や**借家権**に相当する部分を差し引いて評価します。借地権割合は路線価図や評価倍率表に示されています。

① 権利金を受け取って宅地を貸している場合
貸宅地の評価額＝自用地評価額×（1－借地権割合）

② 権利金に代えて通常より高い地代を受け取って宅地を貸している場合
貸宅地の評価額＝自用地評価額×80％等（ケースによって異なる）

③ 無償または固定資産税相当額の地代で宅地を貸している場合
貸宅地の評価額＝自用地評価額（評価減は行いません。）

④ 貸家建付地の場合

借地権
建物を利用することを目的に、第三者の土地を地代を支払って借りる権利。

借家権
建物の賃借権

075　第2章　相続税の計算をしてみよう

貸家建付地の評価額＝自用地評価額×（1－借地権割合×借家権割合×賃貸割合）

貸家建付地とは、実際に賃貸されている建物が建てられている敷地のことをいいます。

借家権割合は全国一律で30％と定められています。賃貸アパートの複数ある部屋の一室が相続時にたまたま空室であった場合は、賃貸割合を求める上では賃貸していることにできる可能性があります。

相続税の土地評価は、自分で使用しているよりも、誰かに貸している方が評価が下がります。それは自分で自由にいつでも処分することができず、権利に制限が加わるためです。それは誰かに部屋を貸しているよりも、土地ごと貸している場合の方が制限が大きくなり、それが借地権という価値になります。借地権の評価の算定については、権利金の収受の有無や、地代の額によって評価方式が異なり、専門家である税理士であっても判断に迷うことがある程、難しいものです。このため、借地権が関係する土地の評価については、税理士へ相談することが望まれます。

また賃貸アパートや賃貸マンション等で、相続開始時に一時的に空室になっていたような場合には、相続が起きてからおおよそ1カ月以内を目安に新しい賃貸契約が決まれば、賃貸中として取り扱うといった考え方もあります。ただし1か月以上空いているケースでも賃貸中として取り扱うケースもあります。

2-4-2 貸家建付地の評価の例

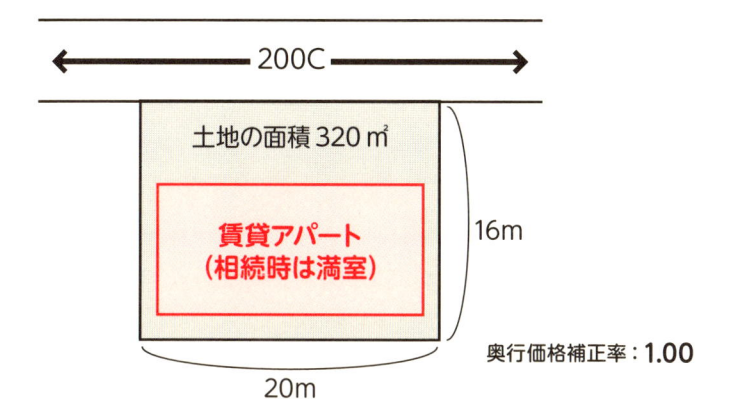

```
←―――― 200C ――――→
        土地の面積 320㎡
        ┌─────────────┐
        │  賃貸アパート  │ 16m
        │ （相続時は満室）│
        └─────────────┘
                    奥行価格補正率：1.00
           20m
```

❶ 1㎡あたりの価額

　　路線価　　　×　　奥行価格補正率　　＝　　1㎡あたりの価額
　200,000円　×　　　1.00　　　＝　　200,000円

❷ 自用地として評価

　　1㎡あたりの価額　×　　面積　　＝　　自用地評価額
　　200,000円　×　320㎡　＝　64,000,000円

❸ 貸家建付地として評価

自用地評価額×（1－借地権割合×借家権割合×賃貸割合）＝貸家建付地評価額
64,000,000円×（1－70%×30%×100%）＝50,560,000円

路線価とともに記されているアルファベット記号がCであることから、借地権割合は70%となります。借家権割合は全国一律で30%、相続時は満室であったことから、賃貸割合は100%となります。

05 建物や庭を相続した場合の評価方法

建物の評価方法はシンプル

これまで土地の評価方法について紹介しましたが、建物の評価方法は土地のように複雑なものではありません。基本的には固定資産税評価額に基づいて評価します。

① 賃貸していない建物（自用家屋）
固定資産税評価額がそのまま相続税法上の評価額になります。

② 賃貸している建物（貸付用家屋）
固定資産税評価額×（1－借家権割合（30％）×賃貸割合）

貸家建付地の場合と同じく、相続時にたまたま空室であった部分は、賃貸割合を求める上では賃貸していることにできる可能性があります。

一般に、固定資産税評価額は実際の建築費用の5割から7割程度になるといわれています。

そのため、5000万円を現金で相続するよりも、5000万円で購入したマンションを相

続するほうが相続税法上の評価を低くすることができます。

建物が建築中の状態で相続された場合は、固定資産税評価額がまだ決められていないので、費用現価の70％の金額で評価します。費用現価とは、相続までに建物の建築に使われた費用のことをいいます。前金として建築業者に支払った金額と必ずしも一致するわけではなく、実際には建築業者に見積もってもらう必要があります。

普通の庭木は相続税の課税対象にならない

相続財産に、庭木、庭石、あずまや、庭池などの設備がある庭園がある場合は、その庭園をもう一度造るとした場合の費用（再調達価額）の70％の金額で評価します。

ここで問題となるのが、自宅のわずかな敷地に木が数本植わっているだけで相続税の課税対象になるのかということです。実務上は、相当高額な客観的価値を備えた庭園、つまり、入場料をもらって公開するほどの規模や価値がある庭園に限られると解釈されています。したがって、自宅の庭は土地そのものの評価にとどまると解釈できます。

06 株式（上場・非上場）や投資信託などの評価方法

上場株式は亡くなった日を基準に考える

上場株式は、次の4つの価額のうち最も低いもので評価します。ETF（上場投資信託）やREIT（不動産投資信託）についても同じ方法で評価します。

① 亡くなった日の終値
② 亡くなった日が属する月の毎日の終値の平均額
③ 亡くなった日が属する月の前月の毎日の終値の平均額
④ 亡くなった日が属する月の前々月の毎日の終値の平均額

亡くなった日が日曜日などで終値がない場合は、前後で最も近い日の終値で評価します。三連休の中間の日のように、前後で最も近い日が2つある場合は両者の平均額で評価します。2つ以上の取引所に上場されている場合は、どの取引所の価格で評価するか選択することができます。**価格が低い方を選択することで、税制上は有利になります。**

2-6-1 上場株式の評価方法

被相続人が、平成27年4月4日に亡くなった場合

	A取引所	B取引所
4月3日（金）の終値	321	318
4月4日（土）＝ 亡くなった日	休場のため終値なし	休場のため終値なし
4月5日（日）	休場のため終値なし	休場のため終値なし
4月6日（月）の終値	319	315
4月の毎日の終値の平均	326	324
3月の毎日の終値の平均	330	333
2月の毎日の終値の平均	335	336

前提
- 4月4日に亡くなった被相続人はX社の株を保有
- X社はA取引所とB取引所に上場していた

❶ 亡くなった日の終値がないので、前後の近い4月3日の終値を亡くなった日の終値とします

❷ 亡くなった月、前月、前々月の終値の平均値を確認します

❸ A取引所とB取引所の低い方を確認します

❹ ❶、❷、❸の条件を満たす最も低い株価は **318円** になる

非上場株式の評価方法は難しい

非上場株式には市場価格がなく、銘柄（会社）ごとに価額を見積もる必要があります。亡くなった人や相続した人がその会社の同族株主であるかどうかや、会社の規模などに応じて計算方法は異なり、計算式も複雑となるため、専門家である税理士以外の方は自分で計算することは難しいでしょう。

07 生命保険の評価方法

死亡保険金を複数の相続人が受け取る場合

被相続人の死亡によって相続人が受け取った生命保険金は、**みなし相続財産**として相続税の課税対象になります。しかし、**500万円×法定相続人の数の金額を限度に非課税となります**。

非課税限度額を求めるときは、相続放棄をした人について、相続放棄はなかったものとして法定相続人に加えます。

なお、相続放棄した人や相続権を失った人が生命保険金を受け取ったときは、非課税の適用は受けられません。相続税の課税対象となる生命保険金は、被相続人が自らを被保険者とし、かつ保険料を支払っていた場合に限られます。

> みなし相続財産 P32を参照。

死亡退職金も相続税の課税対象になる

相続人が受け取った死亡退職金も、みなし相続財産として相続税の課税対象になります。

ただし、死亡から3年以内に支給が確定したものに限ります（3年経過後に支給が確定したものは、所得税等の課税対象になります）。

2-7-1 生命保険金の課税関係

生命保険金は、保険料負担者、被保険者、保険金受取人の関係によって、課税される税目が異なります。

保険料負担者	被保険者	保険金受取人	課税される税目
被相続人	被相続人	相続人	相続税　非課税枠あり
被相続人	被相続人	相続人以外	相続税　非課税枠なし
被相続人の配偶者	被相続人	被相続人の子	贈与税
被相続人の子	被相続人	被相続人の子	所得税

（被相続人の子は1人だけであるとします）

生命保険金と同様に、非課税限度額は500万円×法定相続人の数です。相続放棄した人や相続権を失った人についての決まりは、死亡保険金の場合と同じです。

弔慰金は額が大きいと相続税の対象になる

会社の従業員や役員が死亡した場合に、会社から弔慰金が支給される場合があります。弔慰金は原則として非課税ですが、社会通念の範囲を超えた額を支給された場合は、その超えた額が相続税の課税価格に加算されます。非課税の限度額は次のとおりです。

① 業務上の死亡…賞与を除く普通給与の3年分
② 業務外の死亡…賞与を除く普通給与の半年分

08 その他こんな財産はどうする？（車や骨とう品など）

自動車の評価方法

相続税法には自動車の評価についての規定はなく、一般動産として評価することになります。一般動産は売買実例価額などを参考に評価することとされています。**実際には、中古車取引業者などに見積もりを依頼すればよいでしょう。**

書画骨とう品の評価方法

書画骨とう品についても、売買実例価額などを参考に評価することとされています。**取引業者などの専門家に評価を依頼すればよいでしょう。**

ゴルフ会員権の評価方法

ゴルフ会員権は、取引相場があるかないか、株式方式であるか預託金方式であるかによって評価の方法が変わります。そのため、相続するゴルフ会員権の形態をよく確認する必要があります。

2-8-1 評価額がわからなければ専門家に依頼しよう

① 取引相場がある場合

亡くなった日の取引価額×70％＋返還される預託金の額

（※）預託金が一定期間経過した後に返還される場合は、返還されるまでの金利にあたる部分を差し引きます。預託金がない場合は0とします。

② 取引相場がない場合

- 株主でないと会員になれない会員権

株式と同様の方法で評価します。

- 預託金を預託しなければ会員になれない会員権

返還される預託金の額で評価します。

（※）一定期間が経過した後に返還される場合は、返還されるまでの金利にあたる部分を差し引きます。

- 株主でかつ、預託金を預託しなければ会員になれない会員権

株式と預託金に区分して評価し、その合計額を評価額とします。

株式を所有する必要がなく、かつ、譲渡できない会員権で、預託金がなく、ゴルフ場施設を利用して単にプレーができるだけの会員権については評価の対象とはなりません。

株式以外の金融商品の評価方法

株式以外の金融商品の評価方法は次のとおりです。

① 投資信託

被相続人が亡くなった日の基準価額に口数を掛けて評価します。再投資されていない未収分配金があれば加算し、源泉徴収される所得税等、解約手数料や信託財産留保額があれば差し引きます。なお、ETF（上場投資信託）は、上場株式と同じ方法で評価します。

② 銀行預金

普通預金は亡くなった日の預入残高で評価します。定期預金は亡くなった日の預入残高に解約利子を加算します。解約利子からは源泉所得税等を差し引きます。

③ 債券（利付債）

上場しているものや価格が公表されるものは、亡くなった日の価格に経過利息（源泉所得税等を差し引いた額）を加算します。それ以外のものは発行価額に経過利息を加算しま

④ 債券（割引債）

上場しているものや価格が公表されるものは亡くなった日の価格額で、それ以外のものは発行価額に経過償還差益の額を加算します。

⑤ 貸付金

元本の額に、経過利子を加算します。

生命保険契約に関する権利の評価方法

亡くなった人が他の人に掛けた保険の保険料を負担していて、保険金支払の対象となる事故がまだ発生してない場合は、相続人がその生命保険契約に関する権利を引き継ぎます。

生命保険契約に関する権利は、亡くなった日で保険を解約したと仮定したときの解約返戻金の額で評価します。前納保険料や配当金があれば加算し、解約のときに源泉徴収される所得税等があれば差し引きます。これらの金額は、保険会社に問い合わせるとよいでしょう。

なお、掛け捨てで解約返戻金がない生命保険契約は評価の対象とはなりません。

す。個人向け国債は、額面金額に経過利子を加算し、中途換金調整額を差し引きます。

09 ステップを踏めば相続税は簡単に計算できる

2-9-1 相続税の速算表

平成 27 年 1 月 1 日以後の場合

法定相続分に応ずる取得金額	税率	控除額
1,000 万円以下	10%	―
3,000 万円以下	15%	50 万円
5,000 万円以下	20%	200 万円
1 億円以下	30%	700 万円
2 億円以下	40%	1,700 万円
3 億円以下	45%	2,700 万円
6 億円以下	50%	4,200 万円
6 億円超	55%	7,200 万円

相続人 B のケース → 3,000 万円以下
相続人 A のケース → 5,000 万円以下

相続財産の合計額に対する税額を各相続人で按分

相続税は次のような方法で計算します。相続財産を法定相続分で分割したと仮定して各相続人の税額を求め、それらを合算したものを、いったん各相続人の実際の相続割合で按分するのが特徴です。**単純に各相続人が受け取った財産の額に対して課税するのではありません。**

① 課税遺産総額を計算する
② 課税遺産総額を法定相続分で仮分割する
③ 仮分割した財産をもとに税額を計算して合算する
④ 相続税の総額を実際の相続割合で按分する（各人の事情で税額加算や税額控除を行う）

按分
ある基準に基づいて、金銭や物品などを割り振ること

2-9-2 相続税の計算のしかた

❶課税遺産総額を計算する

＋	本来の相続財産	6,000万円
＋	みなし相続財産	6,000万円
－	非課税財産	800万円
－	債務・葬式費用	200万円
＋	3年以内の贈与財産	1,000万円
	課税価格	1億2,000万円
－	基礎控除額	4,800万円
	課税遺産総額	**7,200万円**

❷課税遺産総額を法定相続分で仮分割する。

相続人	法定相続分	取得金額
相続人A　配偶者	1／2	3,600万円
相続人B　子	1／4	1,800万円
相続人C　子	1／4	1,800万円

❸仮分割した財産をもとに税額を計算して合算する

相続人	相続税額	【図表2-9-1　相続税の速算表】より
相続人A　配偶者	520万円	3,600万円×20％－200万円＝520万円
相続人B　子	220万円	1,800万円×15％－50万円＝220万円
相続人C　子	220万円	1,800万円×15％－50万円＝220万円

各人の税額を合算

相続税の総額　960万円

❹相続税の総額を実際の相続割合で按分する

各人の事情によって、税額加算や税額控除を行う。

相続人	実際の相続割合	相続税額	控除後
相続人A　配偶者	1／2	480万円	0
相続人B　子	1／3	320万円	320万円
相続人C　子	1／6	160万円	160万円

➡ 配偶者控除（P92参照）によって、税額は0になります。

10 過去3年以内に支払った贈与税は税額控除できる

相続税の税額控除は6種類あり、控除できる順序は決められています。本書では控除できる順序に従って、税額控除の概要を紹介します。控除の順番は①贈与税額控除→②配偶者の税額軽減→③未成年者控除→④障害者控除→⑤相次相続控除→⑥外国税額控除です。

相続税と贈与税の二重課税を避ける制度

被相続人から生前に贈与された財産のうち、**被相続人が亡くなる前の3年以内に贈与されたものがある場合は、その贈与財産が相続税の課税価格に加算されます**。その贈与財産に贈与税が課税されていた場合は、同じ財産に対して贈与税と相続税が課税されることになります。このような二重課税を避けるため、納付済みの贈与税は相続税額から控除することができます。贈与税控除の額はP91の図表2−10−1のとおり計算します。

過去3年以内に贈与された財産を相続税の課税価格に加算するときは、次の点に注意が必要です。

- 過去3年以内に贈与された財産であれば、贈与税がかかっていたかどうかにかかわらず相

2-10-1 贈与税額控除の額

贈与税額控除の額 = 贈与を受けた年分の贈与税額 × $\dfrac{相続税の課税価格に加算した贈与財産の価額}{贈与を受けた年分の贈与財産の合計額（※）}$

※贈与税の基礎控除前、配偶者控除後の額

例 平成26年11月12日に被相続人A（父）の相続が発生。相続人C（子）はAの財産の一部を相続。Cは平成24年に次のとおり財産の贈与を受けて、贈与税を納付。

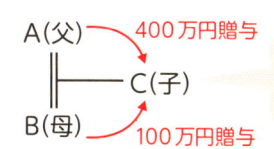

A（父） → 400万円贈与 → C（子）
B（母） → 100万円贈与 → C（子）

AとBから生前贈与され、贈与税53万円を納付済

この場合、贈与税額控除の額は、下記のとおり計算できます。

贈与税額控除の額 = 53万円 × $\dfrac{400万円}{400万円+100万円}$ = 42.4万円

続税の課税価格に加算します。したがって、**基礎控除額**（110万円）以下の贈与財産や、被相続人が亡くなった年に贈与された財産も加算します。

- 次の財産については相続税の課税価格に加算する必要はありません。
  (1) **贈与税の配偶者控除の特例による配偶者控除額**
  (2) **直系尊属**から贈与を受けた住宅取得等資金のうちの非課税部分
  (3) 直系尊属から一括贈与を受けた教育資金のうちの非課税部分
  (4) 相続によって財産を受け取っていない者への贈与

基礎控除額 詳細はP148を参照

贈与税の配偶者控除の特例による配偶者控除 詳細はP152を参照

直系尊属 詳細はP40を参照

11 1億6000万円まで無税になる配偶者の税額軽減特例

配偶者の貢献に報いる制度

亡くなった人の配偶者が財産を引き継いだ場合は、同じ世代での引き継ぎであり、短い期間に次の相続が起きることが予想されます。そのため、配偶者が相続するときは税額が大幅に軽減されます。これには、亡くなった人の財産形成に配偶者が貢献したことを考慮する意味合いもあります。

法定相続分の範囲なら相続税は課税されない

配偶者が相続した財産の課税価格（基礎控除後の財産の額）が、「課税価格の合計額×法定相続分」までの場合は、配偶者に相続税は課税されません。つまり、法定相続分の範囲であれば、仮に配偶者が10億円の財産を相続しても、相続税は課税されません。

また、法定相続分に関係なく、配偶者が相続した財産の課税価格が1億6000万円までの場合も課税されません。

092

2-11-1 配偶者の税額軽減特例のイメージ

ルール❶
配偶者が相続した財産の課税価額が1億6,000万円以内なら全額が非課税になる

ルール❷
配偶者の法定相続分が1億6,000万円より多くなったら、法定相続分だけ非課税になる

例1 全財産が1億円で、配偶者が7000万円を相続すると？
　①1億6,000万円
　②配偶者の法定相続分＝5,000万円
　　　　①＞②なので、7,000万円(相続した全額)が非課税

例2 全財産が100億円で、配偶者が50億円相続すると？
　①1億6,000万円
　②配偶者の法定相続分＝50億円
　　　　①＜②なので、50億円(法定相続分)が非課税

遺産分割を確定させよう

税額軽減の対象となる配偶者は、被相続人と婚姻の届け出をしている人に限られ、内縁関係の人は含まれません。配偶者が相続放棄をした場合でも、遺贈によって財産を受け取った場合は税額軽減が適用されます。

税額軽減の適用を受けるには、相続税の申告期限までに遺産分割を確定させなければなりません。ただし、申告期限から3年以内であれば修正申告や更正の請求などで特例の適用を受けられます。また、税額軽減の適用を受けて税額が0になる場合でも、申告書を提出する必要があります。

12 未成年に考慮した「未成年者控除」

控除を受けるための3つの要件と控除額

相続人が未成年者である場合は、相続税の額から一定の金額を差し引くことができます。未成年者の多くは所得がなく、扶助が必要であることから、税制上優遇しているものです。

次の要件をすべて満たせば控除が受けられます。

① 相続や遺贈で財産を受け取ったときに日本国内に住んでいる。または、相続や遺贈で財産を受け取ったときに日本国内に住んでいなくても、次のいずれかにあてはまること

- 相続人に日本国籍があって、相続人が相続開始までの5年以内に日本国内に住んでいたことがある
- 相続人に日本国籍があって、被相続人が相続開始までの5年以内に日本国内に住んでいたことがある
- 相続人に日本国籍がなく、被相続人が日本国内に住んでいる

② 相続や遺贈で財産を受け取ったときに20歳未満である

③ 法定相続人である。相続放棄した場合も放棄していないものとみなして計算します。

控除額は、**相続開始から20歳になるまでの年数×10万円**です。相続開始から20歳になるまでの年数に1年未満の端数があるときは、切り上げて1年として計算します。たとえば、相続人の年齢が16歳3カ月の場合、20歳までの年数は3年9カ月であり、控除額を求める上では4年として計算します。未成年者控除額は、4年×10万円＝40万円となります。

控除しきれなかった場合の対処法

未成年者である相続人の相続税額より未成年者控除額のほうが大きいと、控除額の全額が引ききれません。そのような場合は、引ききれない部分の金額を、その未成年者の扶養義務者の相続税額から差し引くことができます。なお、その未成年者が過去に未成年者控除を受けたことがあるときは、控除額が制限されることがあります。

未成年者控除の額
平成27年1月1日より、それまでの6万円から10万円に拡大されました。

13 相続人に障害者がいる場合の「障害者控除」

控除を受けるための要件と控除額

相続人が85歳未満の障害者である場合は、相続税の額から一定の金額を差し引くことができます。次の要件をすべて満たせば控除が受けられます。

① 相続や遺贈で財産を受け取ったときに日本国内に住んでいる
② 相続や遺贈で財産を受け取ったときに障害者である
③ 法定相続人である。相続放棄した場合も放棄していないものとみなす

控除額は次のとおり計算します。

① 一般障害者
相続開始から85歳になるまでの年数×10万円
② 特別障害者
相続開始から85歳になるまでの年数×20万円

一般障害者の控除額
平成27年1月1日から、一般障害者はそれまでの6万円から10万円に拡大されました

特別障害者の控除額
平成27年1月1日から、それまでの12万円から20万円に拡大されました

096

相続開始から85歳になるまでの年数に1年未満の端数があるときは、切り上げて1年として計算します。たとえば、相続人の年齢が40歳6カ月の場合、85歳までの年数は44年6カ月であり、控除額を求める上では45年として計算します。障害者控除額は、一般障害者の場合は45年×10万円＝450万円、特別障害者の場合は45年×20万円＝900万円となります。

控除しきれなかった場合

障害者である相続人の相続税額より障害者控除額のほうが大きいと、控除額の全額が引ききれません。そのような場合は、引ききれない部分の金額を、その障害者の扶養義務者の相続税額から差し引くことができます。なお、その障害者が過去に障害者控除を受けたことがあるときは、控除額が制限されることがあります。

14 短期間に相続が続いた場合の「相次相続控除」

相続人の過度な税負担を緩和する控除

短期間に相続が続いた場合は、相続税も続けて課税されることになり、相続人は過度な税負担を強いられます。**相次相続控除は、1回目の相続と2回目の相続の間が10年以内である場合に、2回目の相続における相続税額から1回目の相続における相続税の一部を控除することができるもの**です。次の要件をすべて満たせば控除ができます。

① 2回目の相続の相続人であること（注）
② 2回目の相続の開始前10年以内に、1回目の相続が開始していること。
③ 2回目の相続の被相続人が1回目の相続で財産を取得して、その被相続人に相続税が課税されたこと

相続が3回発生した場合も、2回目と3回目の相続の間で上記の要件を満たしていれば控除が受けられます。

① の注意点
相続放棄をした人や欠格や廃除で相続権を失った人が遺贈によって財産を取得しても、控除はできません

2-14-1 相次相続控除のイメージ

❶ 祖父が亡くなり父が相続（1次相続）

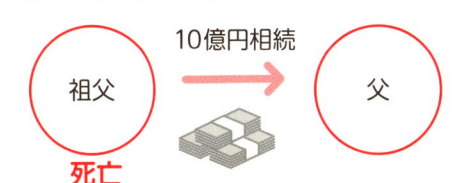

祖父 —10億円相続→ 父

相続税：3億円
手元に残る額：7億円

❷ 父が相続後にすぐ死亡（2次相続）

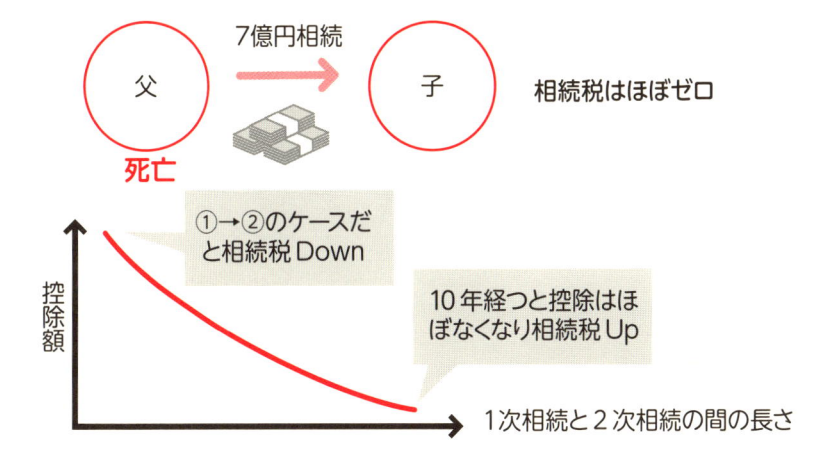

父 —7億円相続→ 子

相続税はほぼゼロ

①→②のケースだと相続税 Down

10年経つと控除はほぼなくなり相続税 Up

（縦軸：控除額、横軸：1次相続と2次相続の間の長さ）

相次相続控除の総額

$$A \times \frac{C}{B-A} \, (※) \times \frac{10-E}{10}$$

各人の控除額

$$上記の総額 \times \frac{D}{C}$$

- **A** 2回目の相続の被相続人が1回目の相続で取得した財産に課せられた相続税額
- **B** 2回目の相続の被相続人が1回目の相続で取得した財産の価額（債務控除後）
- **C** 2回目の相続の被相続人が残した財産の合計額（債務控除後）
- **D** 2回目の相続で相続人が相続で取得した財産の価額（債務控除後）
- **E** 1回目の相続から2回目の相続までの期間（1年未満の端数は切り捨て）

※この割合が100/100を超えるときは、100/100とします。

15 国外にある財産を相続した場合の「外国税額控除」

海外と国内の二重課税を防ぐ制度

国外にある財産を相続した場合、その財産が所在する国で相続税にあたる税が課されることがあります。そのような場合は、二重課税を防ぐため、外国で課税された金額を限度に、次の算式で計算した額を相続税から差し引くことができます。

各種控除後の相続税額 × 国外財産の価額 ÷ その者の相続税の課税価格

財産が国外にあることの判断基準

財産が国内にあるか国外にあるかは、次の基準で判断します。

① 土地、家屋などの不動産や、自動車、書画骨とうなどの動産…その所在地
② 銀行預金…口座がある支店や営業所の所在地（日本の銀行の外国支店に預けた預金は国外財産になります）

外国税額控除を計算する上での注意点
外国で課税された金額を限度とします

③ 生命保険や損害保険の保険金…保険会社の本店所在地

④ 社債や株式…発行会社の本店所在地（外国企業の株式であれば、日本の証券会社に預けていても国外財産になります）

国外財産に相続税が課税されない場合

国外財産については、日本で相続税が課税されない場合があります。それは、**相続や遺贈で財産を引き継いだ人が制限納税義務者である場合**です。主に日本国籍がない場合や、長期間日本に住んでいない場合があてはまります。被相続人が亡くなった時点で次の要件にあてはまる人が、制限納税義務者になります。

① 財産を引き継いだ人に日本国籍がなく、被相続人の住所が外国にある場合。

② 財産を引き継いだ人に日本国籍があって、かつ、被相続人、財産を引き継いだ人ともに相続の5年を超えて前から住所が外国にある場合

16 生命保険は500万円×法定相続人の人数まで入ろう

生命保険金の非課税限度額をフル活用

亡くなった人が自分自身に生命保険を掛けていて、相続人が生命保険金を受け取ったときは、500万円×法定相続人の数までの金額が非課税になります。相続放棄した人については、相続放棄していないものとして法定相続人を数えます。

法定相続人の数に入れた相続人が全員で生命保険金を受け取る必要はありません。たとえば法定相続人が5人いる場合、受取人が1人であっても、生命保険金は2500万円まであれば非課税になります。ただし、相続放棄した人や欠格や廃除で相続権を失った人が生命保険金を受け取った場合は、非課税限度額は適用されません。

具体的な計算方法をP103の図表2−16−1で紹介します。すべての相続人が受け取った生命保険金の合計額が非課税限度額の範囲内であり、相続人の1人が相続放棄した例です。

2-16-1 生命保険金の非課税限度額の計算

例
- 生命保険の契約者・被保険者・保険料負担者はともに被相続人である。
- 法定相続人は、配偶者、子A、子B、子Cの4人である。
- 各人の生命保険金受取額は次のとおりである。

法定相続人	受取額
配偶者	1,000万円
子A	600万円
子B（相続放棄）	400万円
子C	なし

被相続人の死亡により生命保険金が支払われた場合の非課税限度額は次のようになります。

❶ 生命保険金等の非課税限度額　500万円×4人=2,000万円

- 子Bは相続放棄していないものとするので、法定相続人は4人で計算します。
- 子Cは生命保険金を受け取っていませんが、法定相続人に含めます。

❷ 各人の非課税限度額

配偶者

$$2,000万円 \times \frac{1,000万円}{1,000万円 + 600万円} = 1,250万円$$

$$\left[非課税限度額 \times \frac{配偶者の受取額}{すべての相続人の受取額（※）} \right]$$

子A

$$2,000万円 \times \frac{600万円}{1,000万円 + 600万円} = 750万円$$

$$\left[非課税限度額 \times \frac{子Aの受取額}{すべての相続人の受取額（※）} \right]$$

子B
相続放棄したため、非課税限度額の適用はありません。

※子Bは相続放棄して相続人ではなくなったため、「すべての相続人の受取額」は、配偶者と子Aのものだけになることに注意が必要です。

17 こんなに得する養子縁組

法定相続人を増やすことで節税できる

相続について定めている民法では、養子の数には制限を設けていません。しかし、相続税法では養子の数に制限を設けています。養子の数に制限がなければ、養子の数を多くすることで、基礎控除額や生命保険金の非課税限度額をいくらでも増やすことができ、恣意的に課税を逃れることが考えられます。

相続税法上は、亡くなった人に実子がいる場合、養子は1人まで、実子がいない場合は2人まで、法定相続人に含めることができます。この場合、特別養子、連れ子養子、代襲相続人は実子として数えます。

このように制限はあるものの、その範囲内で養子縁組を活用することは、相続税の節税につながります。養子縁組の活用例をP105の図表2-17-1で紹介します。

養子縁組のうち普通養子縁組は当事者の届け出だけで手続きができますが、相続を円滑にするためには、他の親族にも養子縁組することを知らせておくことをおすすめします。

104

2-17-1 養子縁組の活用例

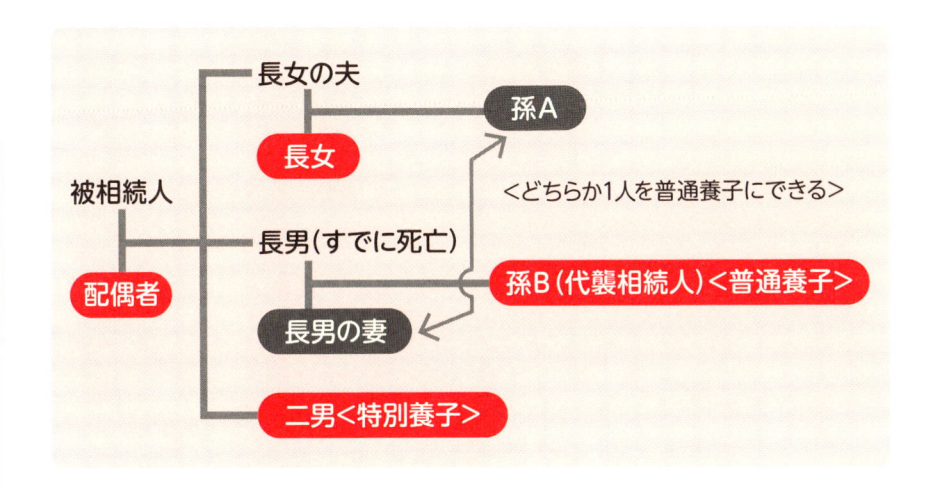

```
                ┌── 長女の夫
                │         ├── 孫A
                │    長女
被相続人 ──┤
       │        ├── 長男（すでに死亡）        <どちらか1人を普通養子にできる>
       │        │                          孫B（代襲相続人）<普通養子>
       配偶者   └── 長男の妻
                
                   二男<特別養子>
```

この場合法定相続人は

配偶者
長女
孫B ┐ 代襲相続人である普通養子と
二男 ┘ 特別養子は実子として数えます。

> 実子がいるのでもう1人までなら養子にできます。

例 介護でお世話になった長男の妻
     かわいがっていた孫A

養子が1人増えることで

- 基礎控除額は600万円
- 生命保険金の非課税限度額は500万円
- 死亡退職金の非課税限度額は500万円

それぞれ増え、相続税額の節税につながります。

18 現金よりも不動産が節税になる理由

不動産は相続税法上の評価額が低くなる

相続税の節税対策は、不動産への投資が代表的なものとなっています。現預金よりも不動産で相続するほうが節税になるからです。なぜ現預金より不動産のほうが節税になるかを理解するために、不動産の評価方法をおさらいしましょう。

宅地は路線価や**固定資産税評価額**をもとに評価します。路線価は公示価格のおおむね80％、固定資産税評価額は公示価格のおおむね70％の水準とされています。

公示価格は実際の取引価格とは必ずしも一致しませんが、おおよその目安となっています。

建物は固定資産税評価額で評価します。固定資産税評価額は購入価格のおよそ50〜70％とされています。

したがって、現金で不動産を購入した場合、相続税法上の評価額は購入金額よりも大幅に低くなります。土地や建物を賃貸すれば、借地権、借家権にあたる部分を差し引くため、評価額はさらに低くなります。

固定資産税評価額
固定資産税を算出するための基準となる土地や家屋の価格。固定資産税は市町村が税額を計算し、所有者に納税通知書を送付する。

2-18-1 現金よりも不動産が節税になる例

7,000万円の財産があると仮定

- **現金の場合**
  7,000万円の銀行預金 ➡ 評価額は7,000万円

- **不動産の場合**
  5,000万円で土地を購入 ➡ 評価額は4,000万円
  2,000万円で家屋を購入 ➡ 評価額は1,200万円

建物は固定資産税評価額で評価

土地は路線価（路線価地区の場合）で評価

さらに賃貸に出すと…

土地

自用地評価額　　　借地権割合　借家権割合　　賃貸割合
4,000万円 ×（ 1 － 70% × 30% × 100% ）= 3,160万円

建物

自用地評価額　　　借家権割合　賃貸割合
2,000万円 ×（ 1 － 30% × 100% ）= 1,400万円

※ 借地権割合は地域によって異なりますが、ここでは70%と仮定
　借家権割合は全国一律で30%
　賃貸割合は100%（満室の状態）と仮定

土地と家屋を合わせた評価額は4,560万円になり、購入金額の7,000万円から約35%減額される

19 毎年コツコツ110万円贈与で大きく相続税を節税

贈与税の基礎控除額をフル活用

第4章で紹介しますが、贈与税にも基礎控除額があり、毎年110万円までの贈与については贈与税が課税されません。長い期間をかけて毎年コツコツと110万円を贈与していけば、贈与税が課税されることなく相続財産を少なくすることができ、相続税の節税につながります。また、基礎控除は贈与を受けた人1人あたりの金額なので、贈与する人に対して贈与を受ける人が多いほど節税効果が大きくなります。

なお、被相続人が亡くなる直前3年以内に行われた贈与については、相続財産に加算されます。亡くなった年に行われた贈与は、はじめから相続税の課税対象になります。したがって、コツコツ贈与は始めるのが早ければ早いほど効果が上がります。

毎年契約を結ぶ

贈与するときは贈与契約を結ぶのが一般的です。口約束でも契約は成立しますが、契約書として残しておくほうが確実です。贈与契約書の例はP110で紹介します。さらに、コツ

コツ贈与の節税効果を最大限に生かすためには、毎年契約を結ぶことが必要です。たとえば、毎年110万円を贈与する契約を10年分一括して締結した場合は、契約した時点で1100万円の贈与契約が締結されたとみなされ、基礎控除額を超える990万円に対して贈与税が課税される可能性があります。

受け渡しの証拠を残す

契約のほか、財産を受け渡しした証拠を残しておくとより確実です。現金を直接受け渡しした場合は領収書が証拠となりますが、過去や未来の日付を書くこともできるので、客観性を欠く恐れがあります。**最も確実なのは銀行振り込みです。通帳に日付と金額が記録されるので、受け渡しの客観的な証拠になります。**

振込先口座は、贈与を受ける人の名義であることはもちろんのこと、通帳や印鑑を保持するなど、贈与を受ける人自身が口座を管理していることが必要です。振込先口座が贈与を受ける人の名義であっても、贈与する人が口座を管理していれば、贈与する人自身の口座とみなされるので注意しましょう。

2-19-1 贈与契約書の例

贈 与 契 約 書

（贈与する人の名前を記入する）
（贈与を受ける人の名前を記入する）

贈与者遠藤太郎（以下「甲」とする）と、受贈者遠藤正義（以下、「乙」とする）は、次の通り贈与契約を締結した。

（贈与する金額を記入する）

第1条　甲は現金500万円を乙に贈与することとし、乙はこれを承諾した。

第2条　甲は、当該財産を平成28年8月1日までに乙の指定口座に振り込むものとする。

（契約書の締結日を記入する）

平成27年7月20日

（甲）　住所　東京都新宿区舟町●

　　　氏名　遠藤太郎　　㊞

（乙）　住所　東京都新宿区舟町×

　　　氏名　遠藤正義　　㊞

（それぞれが押印する）

モデルケース
・父である遠藤太郎から子である遠藤正義に現金を贈与する
・遠藤正義は成人である

注意
受贈者が未成年の場合は、親権者の同意が必要となり、「乙の代理人」として住所と氏名を契約書に記入して押印する

# 第3章
相続税に関する書類を書いてみよう

01 モデルケースから申告書の書き方を学ぼう

この章では、一般的なケースの相続税申告書の書き方をご紹介しています。相続税申告書の作成は通常、専門家である税理士が作成するものですが、財産内容がシンプルであれば、自分で作成することも可能です。

財産内容がシンプルなら自分で書ける

15表全ての相続税申告書を書かなくてもよい

相続税申告書は、全部で15表に分かれていますが、15表全てを記入することは稀です。一般的な財産内容であれば、記入する表は限られてきます。そこで本書では、相続税についての知識のない方でも、自分で作成できるケースを紹介しています。少しでも例にあてはまらないケースや、特例の適用判断に迷う場合は、税理士に作成を依頼することをお勧めします。

P116図表3-1-3を見るとわかる通り、各表が連動しています。このように転記しながら作成していくのが基本的な流れとなります。

モデルケースで考よう

P116図表3−1−3のような全体像を見ますと、いかにも複雑で専門的で難しそうですが、作成しない表もあるため、もう少しシンプルに考えてみましょう。一般的なモデルケースの事例を元に、順番に作成していくことが、最後まで完成させるコツです。

【モデルケース】

父（遠藤一郎さん）が平成27年7月1日に亡くなりました。法定相続人は、母（遠藤和代）と長男である私（遠藤正義）と長女である妹（安藤恵子）の3名です。私は相続人を代表して、父の相続手続きを実施していますが、平成27年から相続税が改正されたことは耳にはさんでおり、父の遺産内容からは相続税申告の必要性が高そうです。家族は仲が良く、すでに分割方法も決定しているため、あとは10カ月以内の相続税申告手続きを済ませるだけです。

相続税がかかる財産の明細書を書いてみよう

P115に父の全財産とその取得者の一覧表を掲載しました。また、P119に相続税申告書の第11表を掲載しました。この表は、相続財産を一覧的に記載していく表です。11表を作成することが、まず最初のステップです。

3-1-1 モデルケースとなる遠藤家の財産のイメージ

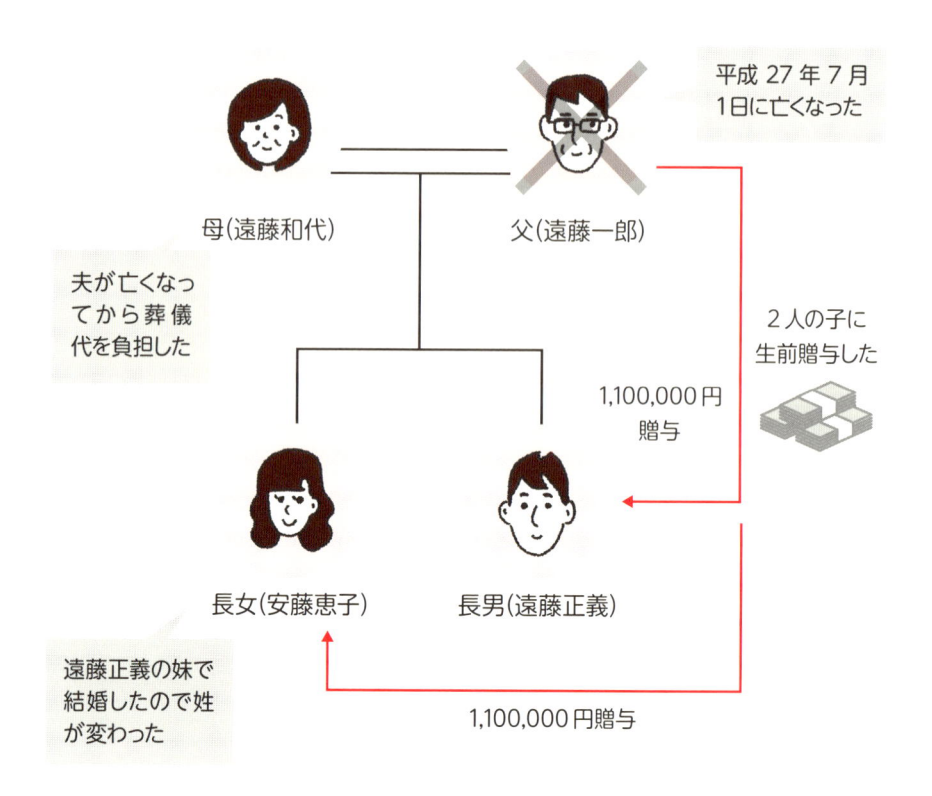

平成27年7月1日に亡くなった

母（遠藤和代） — 父（遠藤一郎）

夫が亡くなってから葬儀代を負担した

2人の子に生前贈与した

1,100,000円贈与

長女（安藤恵子）　長男（遠藤正義）

遠藤正義の妹で結婚したので姓が変わった

1,100,000円贈与

遠藤一郎の財産

- 土地と家屋
- 現金と預貯金
- 生命保険
- ○○建設の株

3-1-2 モデルケースとなる遠藤家の相続財産の詳細

❶父の相続財産一覧

種類	所在場所	内容	財産額	取得者
不動産	××市□□1丁目2番3号	土地	15,000,000円	遠藤和代
不動産	××市□□1丁目2番3号	家屋	8,000,000円	遠藤和代
有価証券	○○証券▲▲支店	○○建設	3,000,000円	遠藤和代
有価証券	○○証券▲▲支店	○○建設	1,000,000円	遠藤正義
有価証券	○○証券▲▲支店	○○建設	1,000,000円	安藤恵子
現金	亡くなる直前に引き出した預金	現金	500,000円	遠藤和代
預貯金	××銀行××支店	普通預金	3,000,000円	遠藤和代
預貯金	××銀行××支店	定期預金	11,700,000円	遠藤和代
預貯金	××銀行××支店	名義預金	11,525,000円	遠藤正義
預貯金	××銀行××支店	名義預金	6,075,000円	安藤恵子
生命保険		生命保険金	20,000,000円	遠藤和代

合計 80,800,000 円

❷葬儀費用

1,500,000 円　遠藤和代負担

❸相続開始前3年内贈与加算

現金　平成26年5月1日　　1,100,000円（遠藤一郎から遠藤正義へ）
現金　平成26年10月21日　1,100,000円（遠藤一郎から安藤恵子へ）

❶父の相続財産 － ❷債務・葬式費用 ＋ ❸生前贈与財産
＞相続税の基礎控除

この場合、上記の❶－❷＋❸の結果、81,500,000円となります。相続税の基礎控除である4,800万円（3,000万円＋600万円×3人）と生命保険の非課税枠である1,500万円（500万円×3人）の合計6,300万円を超えているため相続税の申告が必要です。なお小規模宅地等の特例や配偶者の税額軽減の結果、相続税が0円になるような場合であってもこの2つの特例は「申告することが適用要件」となっていますので忘れずに申告するようにしましょう。

3-1-3 相続税申告書はこう関係している

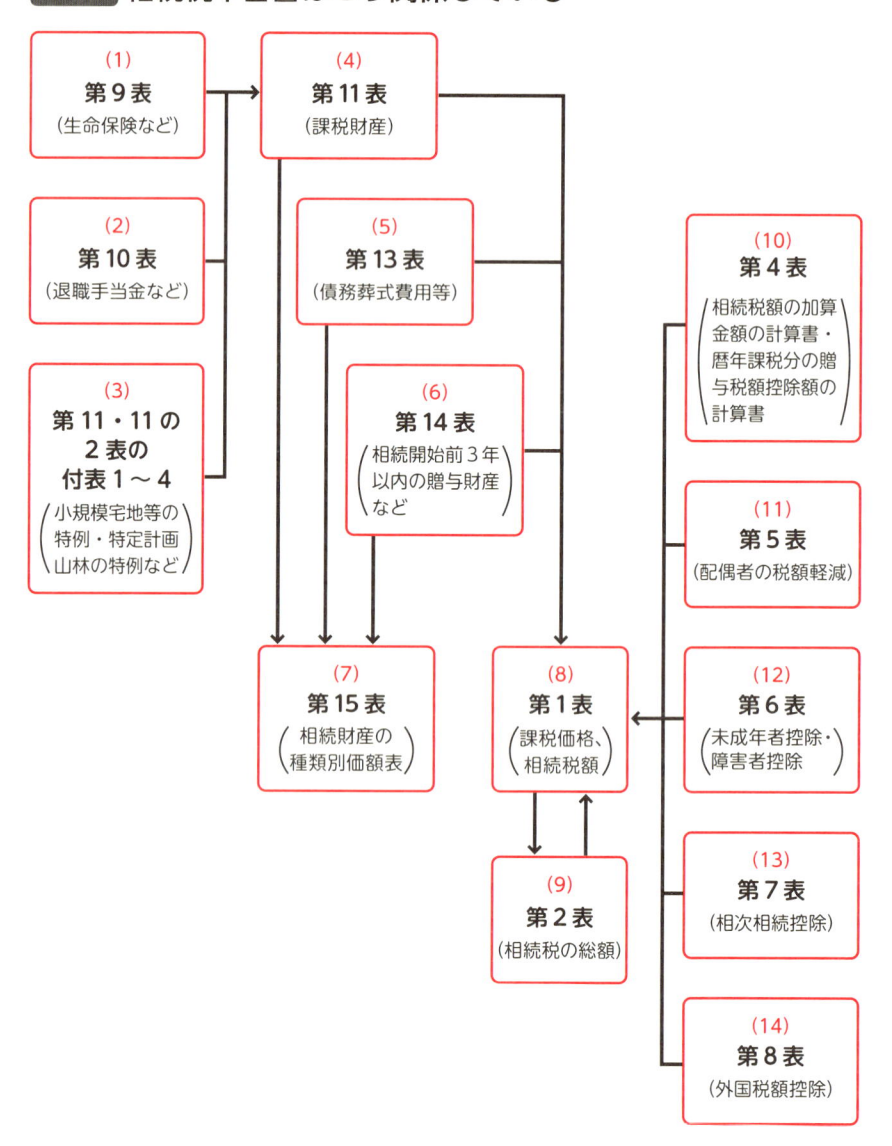

```
(1) 第9表（生命保険など）
(2) 第10表（退職手当金など）
(3) 第11・11の2表の付表1〜4（小規模宅地等の特例・特定計画山林の特例など）
(4) 第11表（課税財産）
(5) 第13表（債務葬式費用等）
(6) 第14表（相続開始前3年以内の贈与財産など）
(7) 第15表（相続財産の種類別価額表）
(8) 第1表（課税価格、相続税額）
(9) 第2表（相続税の総額）
(10) 第4表（相続税額の加算金額の計算書・暦年課税分の贈与税額控除額の計算書）
(11) 第5表（配偶者の税額軽減）
(12) 第6表（未成年者控除・障害者控除）
(13) 第7表（相次相続控除）
(14) 第8表（外国税額控除）
```

3-1-4 相続税の申告書を記載する順番

順序	様式	内容
1	第9表	生命保険金などの明細書
2	第10表	退職手当金などの明細書
3	第11表の付表	小規模宅地等についての課税価格の計算明細書
3	第11表の2表	相続時精算課税適用財産の明細書 相続時精算課税分の贈与税額控除額の計算書
4	第11表	相続税がかかる財産の明細書
5	第12表	納税猶予の適用を受ける特例農地等の明細書
6	第13表	債務及び葬式費用の明細書
7	第14表	純資産価額に加算される暦年課税分の贈与財産価額及び特定贈与財産価額 出資持分の定めのない法人などに遺贈した財産 特定の公益法人などに寄附した相続財産 特定公益信託のために支出した相続財産の明細書
8	第15表・第15表続	相続財産の種類別価額表
9	第4表	相続税額の加算金額の計算書 暦年課税分の贈与税額控除額の計算書
10	第5表	配偶者の税額軽減額の計算書
11	第6表	未成年者控除額・障害者控除額の計算書
12	第7表	相次相続控除額の計算書
13	第8表	外国税額控除額・農地等納税猶予税額の計算書
14	第1表・第1表続	相続税の申告書
15	第2表	相続税の総額の計算書
16	第3表	財産を取得した人のうちに農業相続人がいる場合の各人の算出税額の計算書

02 第11表 相続税がかかる財産の明細書の記載例

この表には相続税がかかる財産と、各人が取得する財産の額を記載します。

手順1
被相続人（故人）の名前を記入（他表も同様）

手順2
遺産分割の確定の有無によって、○をつけて、日付を記入します。
1. 全部分割：全ての財産の分割が確定している場合
2. 一部分割：一部の財産の分割が確定している場合
3. 全部未分割：財産の分け方が決まっていない場合

手順3
ここに遺産の内容を記入していきます。土地や家屋、有価証券、預貯金といった種類別に内容の明細を記入していきます。内容の書き方は厳格なルールはありませんので、分かる範囲で記入しましょう。またこの11表に、どの財産を誰が相続するのかも書いていきます。

手順4
手順3で記入した財産額のうち、各相続人が取得した合計額を記入します。

相続税がかかる財産の明細書
（相続時精算課税適用財産を除きます。）

被相続人　遠藤一郎

第11表（平成21年4月分以降用）

この表は、相続や遺贈によって取得した財産及び相続や遺贈によって取得したものとみなされる財産のうち、相続税のかかるものについての明細を記入します。

遺産の分割状況	区　分	① 全部分割	2 一部分割	3 全部未分割
	分割の日	27・8・18	・・	・・

○相続時精算課税適用財産の明細については、この表によらず第11の2表に記載します。

財産の明細							分割が確定した財産	
種類	細目	利用区分、銘柄等	所在場所等	数量 固定資産税評価額	単価 倍数	価額	取得した人の氏名	取得財産の価額
不動産	宅地	自用地（居住用）	××市□□1丁目2番3号	100.00㎡	(11・11の2表の付表1のとおり)	3,000,000 円	遠藤和代	3,000,000 円
	(計)					(3,000,000) 注1		3,000,000
不動産	家屋	自用家屋	××市□□1丁目2番3号	93.00㎡ 8,000,000		8,000,000	遠藤和代	
	(計)					(8,000,000)		8,000,000
有価証券	上記以外の株式	○○建設(株)	○○証券▲▲支店	1,000株	3,000 (東証)	3,000,000	遠藤和代	
〃	〃	○○建設(株)	〃	200株	5,000 (東証)	1,000,000	遠藤正義	3,000,000
〃	〃	○○建設(株)	〃	250株	4,000 (東証)	1,000,000	安藤恵子	1,000,000
	(計)					(5,000,000)		1,000,000
現金預貯金等	現金		亡くなる前に引き出した預金			500,000	遠藤和代	
〃		普通預金	××銀行××支店			3,000,000	遠藤和代	500,000
〃		定期預金	〃			11,700,000	遠藤和代	3,000,000
〃		名義預金	〃			11,525,000	遠藤正義	11,700,000
〃		名義預金	〃			6,075,000	安藤恵子	11,525,000
	(計)					(32,800,000)		6,075,000
その他の財産	生命保険金				注2	5,000,000	遠藤和代	
	(計)					(5,000,000)		5,000,000
	(合計)					(53,800,000)		

合計表

財産を取得した人の氏名	(各人の合計)	遠藤和代	遠藤正義	安藤恵子		
分割財産の価額 ①	53,800,000 円	34,200,000 円	12,525,000 円	7,075,000 円	円	円
未分割財産の価額 ②						
各人の取得財産の価額 (①+②) ③	53,800,000	34,200,000	12,525,000	7,075,000		

(注) 1　「合計表」の各人の③欄の金額を第1表のその人の「取得財産の価額①」欄に転記します。
　　 2　「財産の明細」の「価額」欄は、財産の細目、種類ごとに小計及び計を付し、最後に合計を付して、それらの金額を第15表の①から㉝までの該当欄に転記します。

第11表(平27.7)　　　　　　　　　　　　　　　　　　　　　　　　　　　　(資4-20-12-1-A4統一)

注1　土地の評価額は、小規模宅地等の特例を適用した後の評価額を記入します。小規模宅地等の特例を適用する場合には、別途、第11・11の2表の付表1の記入が必要になります。
注2　生命保険金については、「500万円×法定相続人の人数」まで非課税となるため、第9表の作成が必要となります。

出典：国税庁ホームページ（https://www.nta.go.jp/souzoku-tokushu/sozoku-shinkokukisairei27.pdf）の「平成27年分相続税申告書の記載例」を加工して作成

03 第11・11の2表の付表1 小規模宅地等についての課税価格の計算明細書

この表では、土地の小規模宅地等の特例の額を計算します。小規模宅地等の特例については第2章で解説しています。

手順 1
特例適用の対象となる相続人名を記入します。

手順 2
特例適用の対象となる面積や金額の詳細を記入します。一般的な特定居住用宅地の場合、330㎡まで80％減額されます。

手順 3
小規模宅地等の特例は、無制限に適用できるわけではなく、限度面積がありますので、自分がどの限度まで小規模宅地等の特例が適用できるかを、この手順で確認します。限度面積を超えて、特例を適用しないよう注意が必要です。

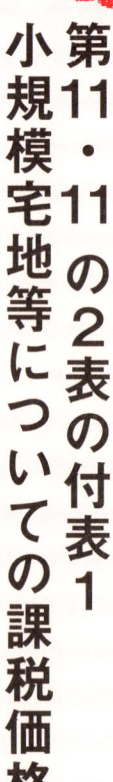

120

出典：国税庁ホームページ (https://www.nta.go.jp/souzoku-tokushu/sozoku-shinkokukisairei27.pdf) の「平成27年分相続税申告書の記載例」を加工して作成

第9表　生命保険金などの明細書

04

この表では、父（遠藤一郎）の死亡に伴い、母（遠藤和代）に支払われた○○生命保険（相）の生命保険金（契約者及び保険料負担者：父）を記入して、相続税の課税対象となる金額を計算します。

手順1
保険会社などから通知された支払通知書などを確認し、その内容に基づいて受取金額等を記入します。

手順2
法定相続人の人数を記入し、非課税限度額を記入します。

手順3
保険金などを受け取った相続人の氏名と金額を記入します。

手順4
保険金を受け取った相続人ごとに、合計額を記入します。

手順5
各人の非課税限度額を計算して記入します。

手順6
各人が、受け取った保険金額から非課税額を控除した額を記入します。

手順7
総額ベースで記入します。

生命保険金などの明細書

被相続人　遠藤一郎

第9表（平成21年4月分以降用）

1 相続や遺贈によって取得したものとみなされる保険金など

この表は、相続人やその他の人が被相続人から相続や遺贈によって取得したものとみなされる生命保険金、損害保険契約の死亡保険金及び特定の生命共済金などを受け取った場合に、その受取金額などを記入します。

保険会社等の所在地	保険会社等の名称	受取年月日	受取金額	受取人の氏名
××市□□1丁目2番3号	○○生命保険（相）	27・7・10	20,000,000 円	遠藤和代
		・　・		
		・　・		
		・　・		

(注) 1　相続人（相続の放棄をした人を除きます。以下同じです。）が受け取った保険金などのうち一定の金額は非課税となりますので、その人は、次の2の該当欄に非課税となる金額と課税される金額とを記入します。
2　相続人以外の人が受け取った保険金などについては、非課税となる金額はありませんので、その人は、その受け取った金額そのままを第11表の「財産の明細」の「価額」の欄に転記します。
3　相続時精算課税適用財産は含まれません。

2 課税される金額の計算

この表は、被相続人の死亡によって相続人が生命保険金などを受け取った場合に、記入します。

保険金の非課税限度額	(500万円× [第2表のⒶの法定相続人の数] 3 人 により計算した金額を右のⒶに記入します。)	Ⓐ 15,000,000 円

保険金などを受け取った相続人の氏名	① 受け取った保険金などの金額	② 非課税金額 (Ⓐ× 各人の①／Ⓑ)	③ 課税金額 (①－②)
遠藤和代	20,000,000 円	15,000,000 円	5,000,000
合　計	Ⓑ 20,000,000	15,000,000	5,000,000

(注) 1　Ⓑの金額がⒶの金額より少ないときは、各相続人の①欄の金額がそのまま②欄の非課税金額となりますので、③欄の課税金額は0となります。
2　③欄の金額を第11表の「財産の明細」の「価額」欄に転記します。

第9表（平27.7）　　　　　　　　　　　　　　　　　　　　　　　　　（資4-20-10-A4統一）

出典：国税庁ホームページ（https://www.nta.go.jp/souzoku-tokushu/sozoku-shinkokukisairei27.pdf）の「平成27年分相続税申告書の記載例」を加工して作成

05 第13表 債務及び葬式費用の明細書

この表では、父（遠藤一郎）の葬式費用について、その明細を記入し、各人の債務及び葬式費用の合計額を計算します。

手順1
被相続人についての債務を記入します。例えば、相続開始後に支払われた医療費や、固定資産税等が対象となります。今回は債務がない事例です。

手順2
葬式費用について、内容と負担者と金額を記入します。

手順3
葬式費用の合計額を記入します。

手順4
債務及び葬式費用の合計額を記入します。

解説

遺産総額から差し引く葬式費用
(1) 死体の捜索または死体や遺骨の運搬にかかった費用
(2) 遺体や遺骨の回送にかかった費用
(3) 葬式や葬送などを行うときやそれ以前に火葬や埋葬、納骨をするためにかかった費用(仮葬式と本葬式を行ったときにはその両方にかかった費用が認められます)
(4) 葬式などの前後に生じた出費で通常葬式などにかかせない費用(例えば、お通夜などにかかった費用がこれにあたります)
(5) 葬式に当たりお寺などに対して読経料などのお礼をした費用

葬式費用に含まれないもの
(1) 香典返しのためにかかった費用
(2) 墓石や墓地の買入れのためにかかった費用や墓地を借りるためにかかった費用
(3) 初七日や法事などのためにかかった費用

債務及び葬式費用の明細書

被相続人　遠藤一郎

第13表（平成21年4月分以降用）

1　債務の明細
(この表は、被相続人の債務について、その明細と負担する人の氏名及び金額を記入します。)

債務の明細						負担することが確定した債務	
種類	細目	債権者		発生年月日	金額	負担する人の氏名	負担する金額
		氏名又は名称	住所又は所在地	弁済期限			
				・・	円		円
				・・			
				・・			
				・・			
				・・			
				・・			
				・・			
合　計							

2　葬式費用の明細
(この表は、被相続人の葬式に要した費用について、その明細と負担する人の氏名及び金額を記入します。)

葬式費用の明細					負担することが確定した葬式費用	
支払先		支払年月日	金額		負担する人の氏名	負担する金額
氏名又は名称	住所又は所在地					
○○葬儀社	××市▲▲2丁目3番4号	27・8・1	1,500,000 円		遠藤和代	1,500,000 円
		・・				
		・・				
		・・				
合　計			1,500,000			

3　債務及び葬式費用の合計額

債務などを承継した人の氏名			(各人の合計)	遠藤和代			
債務	負担することが確定した債務	①	円	円	円	円	円
	負担することが確定していない債務	②					
	計（①+②）	③					
葬式費用	負担することが確定した葬式費用	④	1,500,000	1,500,000			
	負担することが確定していない葬式費用	⑤					
	計（④+⑤）	⑥	1,500,000	1,500,000			
合　計（③+⑥）		⑦	1,500,000	1,500,000			

(注)　1　各人の⑦欄の金額を第1表のその人の「債務及び葬式費用の金額③」欄に転記します。
　　　2　③、⑥及び⑦欄の金額を第15表の㉝、㉞及び㉟欄にそれぞれ転記します。

第13表(平27.7)　　　　　　　　　　　　　　　(資4-20-14-A4統一)

出典：国税庁ホームページ (https://www.nta.go.jp/souzoku-tokushu/sozoku-shinkokukisairei27.pdf) の「平成27年分相続税申告書の記載例」を加工して作成

06 第14表 純資産価額に加算される暦年課税分の贈与財産価額の明細書

この表では、息子（遠藤正義）と娘（安藤恵子）が、父（遠藤一郎）が亡くなる前3年以内に父から現金の贈与を受けているため、相続税の課税対象となる贈与財産価額を計算します。

手順1
相続が発生する3年以内の間に、故人から贈与を受けた人の氏名や金額等の情報を記入します。

手順2
その額を各人別に合計します。

解説

相続開始前3年内贈与加算

この第14表は、相続が起きる前3年内の間に、故人から贈与を受けた、「法定相続人」または「受遺者（遺言で財産をもらう人）」がいれば作成する表です。これは相続が起きる前3年以内の贈与については、全て相続税の対象として加算するという規定があるためです。

注意点

・法定相続人または受遺者への贈与に限定されますので、相続人以外への孫への贈与等は対象外となります。
・年間110万円以内の贈与であったとしても、全て対象となります。
・仮に贈与税を支払っている場合には、相続税から控除することができますので、その際には第4表の作成が必要となります。

純資産価額に加算される暦年課税分の贈与財産価額及び特定贈与財産価額
出資持分の定めのない法人などに遺贈した財産
特定の公益法人などに寄附した相続財産・特定公益信託のために支出した相続財産 の明細書

被相続人　遠藤一郎

第14表（平成27年4月分以降用）

1 純資産価額に加算される暦年課税分の贈与財産価額及び特定贈与財産価額の明細

この表は、相続、遺贈や相続時精算課税に係る贈与によって財産を取得した人が、その相続開始前3年以内に被相続人から暦年課税に係る贈与によって取得した財産がある場合に記入します。

（注）被相続人から相続税特別措置法第70条の2の3（直系尊属から結婚・子育て資金の一括贈与を受けた場合の贈与税の非課税）第10項第2号に規定する管理残額以外の財産を取得しなかった人は除きます（相続時精算課税に係る贈与によって財産を取得している人を除く。）。

番号	贈与を受けた人の氏名	贈与年月日	相続開始前3年以内に暦年課税に係る贈与を受けた財産の明細				① 価額	② ①の価額のうち特定贈与財産の価額	③ 相続税の課税価格に加算される価額 (①-②)
			種類	細目	所在場所等	数量			
1	遠藤正義	26・2・16	現金預貯金等		××市□□1丁目2番3号		1,100,000 円		1,100,000
2	安藤恵子	26・10・25	現金預貯金等		××市□□1丁目2番3号		1,100,000		1,100,000
3		・・							
4		・・							

贈与を受けた人ごとの③欄の合計額	氏名	（各人の合計）	遠藤正義	安藤恵子		
	④金額	2,200,000 円	1,100,000	1,100,000	円	円

上記「②」欄において、相続開始の年に被相続人から贈与によって取得した居住用不動産や金銭の全部又は一部を特定贈与財産としている場合には、次の事項について、「(受贈配偶者)」及び「(受贈財産の番号)」の欄に所定の記入をすることにより確認します。

(受贈配偶者)　　　　　　　　　　　　　　(受贈財産の番号)
私　　　　　　　は、相続開始の年に被相続人から贈与によって取得した上記　　　　の特定贈与財産の価額については贈与税の課税価格に算入します。
なお、私は、相続開始の年の前年以前に被相続人からの贈与について相続税法第21条の6第1項の規定の適用を受けていません。

(注) ④欄の金額を第1表のその人の「純資産価額に加算される暦年課税分の贈与財産価額⑤」欄及び第15表の⑰欄にそれぞれ転記します。

2 出資持分の定めのない法人などに遺贈した財産の明細

この表は、被相続人が人格のない社団又は財団や学校法人、社会福祉法人、宗教法人などの出資持分の定めのない法人に遺贈した財産のうち、相続税がかからないものの明細を記入します。

遺贈した財産の明細						出資持分の定めのない法人などの所在地、名称
種類	細目	所在場所等	数量	価額		
				円		
		合計				

3 特定の公益法人などに寄附した相続財産又は特定公益信託のために支出した相続財産の明細

私は、下記に掲げる相続財産を、相続税の申告期限までに、

(1) 国、地方公共団体又は租税特別措置法施行令第40条の3に規定する法人に対して寄附（租税特別措置法施行令の一部を改正する政令（平成20年政令第161号）附則第57条第1項の規定により、なおその効力を有することとされる旧租税特別措置法施行令第40条の3第1項第2号及び第3号に規定する法人に対する寄附を含みます。）をしましたので、租税特別措置法第70条第1項の規定の適用を受けます。

(2) 租税特別措置法施行令第40条の4第3項の要件に該当する特定公益信託の信託財産とするために支出しましたので、租税特別措置法第70条第3項の規定の適用を受けます。

(3) 特定非営利活動促進法第2条第3項に規定する認定特定非営利活動法人に対して寄附（特定非営利活動促進法の一部を改正する法律（平成23年6月22日法律第70号）附則第10条第4項に規定する旧認定特定非営利活動法人に対し、その法人が行う特定非営利活動促進法第2条第1項に規定する特定非営利活動に係る事業に関連する寄附を含みます。）をしましたので、租税特別措置法第70条第10項の規定の適用を受けます。

寄附(支出)年月日	寄附（支出）した財産の明細					公益法人等の所在地・名称(公益信託の受託者及び名称)	寄附(支出)をした相続人等の氏名
	種類	細目	所在場所等	数量	価額		
・・					円		
・・							
			合計				

(注) この特例の適用を受ける場合には、期限内申告書に一定の受領書、証明書類等の添付が必要です。

第14表(平27.7)　　　　　　　　　　　　　　　　　　　　　　　　　　　(資4-20-15-A4統一)

07-1 第15表 相続財産の種類別価額表

この表では、P118の第11表（相続税がかかる財産の明細書）、P124の第13表（債務及び葬式費用の明細書）及びP126の第14表（純資産価額に加算される暦年課税分の贈与財産価額の明細書）の記載に基づいて、相続財産の種類別の価額を記入します。

手順1
この表は11表で記載した財産の総まとめ表です。財産の種類別の合計額と各相続人ごとの合計額を記入していきます。

手順2
①〜⑥、⑨〜㉘の各欄に、第11表で記入した各財産の評価額を種類別に記入していきます。

手順3
⑥＋⑨＋⑩＋⑮＋⑯＋㉕の合計額を記入します。

手順4
第13表の手順4で記入した③、⑥、⑦を転記します。

手順5
㉘＋㉙－㉟を記入します。

手順6
第14表の手順2で記入した金額を転記します。

手順7
㊱＋㊲を記入します。

解説
第15表までできたら、ゴールが見えてきます！
相続税申告書の作成ステップからしますと、第15表の作成まで完了すれば、全体の75％程度まで進捗しているといえるでしょう。この後の工程は、実際に相続税額を求めていきますので、この15表までをしっかり作成できるかどうかが重要となります。

相続財産の種類別価額表

(この表は、第11表から第14表までの記載に基づいて記入します。) FD3535

被相続人 遠藤一郎

第15表（平成26年分以降用）

(単位は円)

種類	細目	番号	各人の合計	氏名 遠藤和代
土地（土地の上に存する権利を含みます。）	田	①		
	畑	②		
	宅地	③	30,000,000	30,000,000
	山林	④		
	その他の土地	⑤		
	計	⑥	30,000,000	30,000,000
	⑥のうち特例農地等	通常価額	⑦		
		農業投資価格による価額	⑧		
家屋、構築物		⑨	8,000,000	8,000,000
事業（農業）用財産	機械、器具、農耕具、その他の減価償却資産	⑩		
	商品、製品、半製品、原材料、農産物等	⑪		
	売掛金	⑫		
	その他の財産	⑬		
	計	⑭		
有価証券	特定同族会社の株式及び出資	配当還元方式によったもの	⑮		
		その他の方式によったもの	⑯		
	⑮及び⑯以外の株式及び出資	⑰	5,000,000	3,000,000
	公債及び社債	⑱		
	証券投資信託、貸付信託の受益証券	⑲		
	計	⑳	5,000,000	3,000,000
現金、預貯金等		㉑	32,800,000	15,200,000
家庭用財産		㉒		
その他の財産	生命保険金等	㉓	5,000,000	5,000,000
	退職手当金等	㉔		
	立木	㉕		
	その他	㉖		
	計	㉗	5,000,000	5,000,000
合計 (⑥+⑨+⑭+⑳+㉑+㉒+㉗)		㉘	53,800,000	34,200,000
相続時精算課税適用財産の価額		㉙		
不動産等の価額 (⑥+⑨+⑩+⑮+⑯+㉕)		㉚	11,000,000	11,000,000
㉚のうち株式等納税猶予対象の株式等の価額の80％の額		㉛		
㉚のうち株式等納税猶予対象の株式等の価額の80％の額		㉜		
債務等	債務	㉝		
	葬式費用	㉞	1,500,000	1,500,000
	合計 (㉝+㉞)	㉟	1,500,000	1,500,000
差引純資産価額 (㉘+㉙-㉟) (赤字のときは0)		㊱	52,300,000	32,700,000
純資産価額に加算される暦年課税分の贈与財産価額		㊲	2,200,000	
課税価格 (㊱+㊲) (1,000円未満切捨て)		㊳	54,500,000	32,700,000

第15表 (平27.7)

(資4-20-16-1-A4統一)

出典：国税庁ホームページ (https://www.nta.go.jp/souzoku-tokushu/sozoku-shinkokukisairei27.pdf) の「平成27年分相続税申告書の記載例」を加工して作成

07-2 第15表 相続財産の種類別価額表（続）

財産を取得した人が2人以上いる場合は、この表も作成します。

手順1
P128と同様に記入します。

解説

この第15表は、相続税の対象となる財産の種類別、人別の合計金額が分かるまとめ表のような位置づけとなります。この表を完成させるためには、相続人別に金額を入力していくため、実際の遺産分割がまとまっている必要があります。相続税の申告期限は10カ月以内ですが、その10カ月の間に、遺産の分け方まで決定していることが原則となります。

ただし、遺産分割がまとまっていない場合でも10カ月以内に相続税申告書を提出する必要があるため、遺産分割が争いごと等によってまとまりそうにない場合には、いったん法定相続分で相続したと仮定して相続税を納税します。それを「未分割申告」といい、この方法をとった際には、第15表の各相続人が取得する財産の額は全て法定相続分に応じた按分割合となります。

相続財産の種類別価額表（続）

（この表は、第11表から第14表までの記載に基づいて記入します。）

FD3536

（単位は円）

被相続人：遠藤一郎

種類	細目	番号	氏名：遠藤正義	氏名：安藤恵子
土地（土地の上に存する権利を含みます。）	田	①		
	畑	②		
	宅地	③		
	山林	④		
	その他の土地	⑤		
	計	⑥		
⑥のうち特例農地等	通常価額	⑦		
	農業投資価格による価額	⑧		
家屋、構築物		⑨		
事業（農業）用財産	機械、器具、農耕具、その他の減価償却資産	⑩		
	商品、製品、半製品、原材料、農産物等	⑪		
	売掛金	⑫		
	その他の財産	⑬		
	計	⑭		
有価証券	特定同族会社の株式及び出資	配当還元方式によったもの	⑮		
		その他の方式によったもの	⑯		
	⑮及び⑯以外の株式及び出資	⑰	1 000 000	1 000 000
	公債及び社債	⑱		
	証券投資信託、貸付信託の受益証券	⑲		
	計	⑳	1 000 000	1 000 000
現金、預貯金等		㉑	11 525 000	6 075 000
家庭用財産		㉒		
その他の財産	生命保険金等	㉓		
	退職手当金等	㉔		
	立木	㉕		
	その他	㉖		
	計	㉗		
合計（⑥+⑨+⑭+⑳+㉑+㉒+㉗）		㉘	12 525 000	7 075 000
相続時精算課税適用財産の価額		㉙		
不動産等の価額（⑥+⑨+⑩+⑮+⑯+㉕）		㉚		
㉚のうち株式等納税猶予対象の株式等の価額の80％の額		㉛		
㉗のうち株式等納税猶予対象の株式等の価額の80％の額		㉜		
債務等	債務	㉝		
	葬式費用	㉞		
	合計（㉝+㉞）	㉟		
差引純資産価額（㉘+㉙-㉟）（赤字のときは0）		㊱	12 525 000	7 075 000
純資産価額に加算される暦年課税分の贈与財産価額		㊲	1 100 000	1 100 000
課税価格（㊱+㊲）（1,000円未満切捨て）		㊳	13 625 000	8 175 000

第15表（続）（平成26年分以降用）

第15表（続）（平27.7）　　　（資4-20-16-2-A4統一）

出典：国税庁ホームページ（https://www.nta.go.jp/souzoku-tokushu/sozoku-shinkokukisairei27.pdf）の「平成27年分相続税申告書の記載例」を加工して作成

08

第1表　相続税の申告書（その1）

この表では、課税価格（相続税の課税対象となる財産の合計額）を計算します。

手順1
相続税申告書の提出先税務署と提出予定年月日を記入します。提出先税務署は、被相続人（亡くなった人）の最後の住所地を管轄する税務署であり、相続人の最寄の税務署ではないことに注意が必要です。最寄の税務署はHPから簡単に調べられます。
https://www.nta.go.jp/soshiki/kokuzeikyoku/chizu/chizu.htm

手順2
相続が発生した年月日（亡くなった年月日）を記入します。

手順3
被相続人と相続人の氏名や生年月日等の基本情報を記入します。なお年齢は、相続発生時点での年齢を記入します。

手順4
財産の合計額等を記入していきます。第11表の手順4の③欄と第13表の手順4の⑦欄の金額を転記します。

手順5
①＋②＋③を記入します。

手順6
相続開始前3年内贈与がある場合には、第14表の手順2の④欄の金額を転記します。

手順7
④＋⑤を記入します。

解説
第1表だけど、途中に作成する
この第1表は相続税申告書の表紙ですが、作成の順番としては、一番最初ではなく、終盤のステップで作成します。ここまで来ると、もうすぐ完成です。

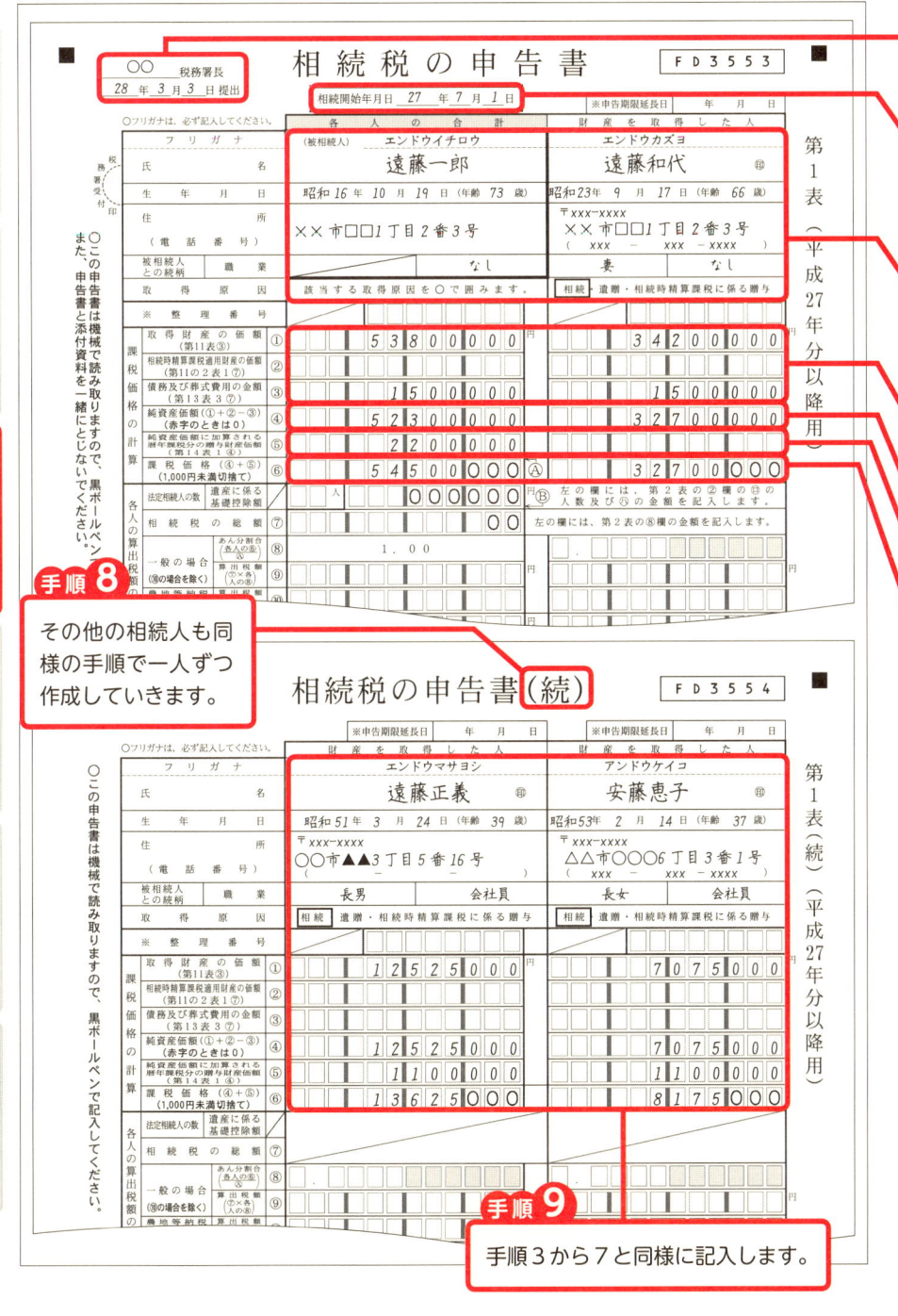

相続税の申告書

FD3553

○○ 税務署長
28年 3月 3日 提出

相続開始年月日 27年 7月 1日 ※申告期限延長日 　年 　月 　日

○フリガナは、必ず記入してください。

	各人の合計	財産を取得した人
フリガナ	(被相続人) エンドウイチロウ	エンドウカズヨ
氏名	遠藤一郎	遠藤和代 ㊞
生年月日	昭和16年 10月 19日 (年齢 73 歳)	昭和23年 9月 17日 (年齢 66 歳)
住所 (電話番号)	××市□□1丁目2番3号	〒xxx-xxxx ××市□□1丁目2番3号 (xxx - xxx - xxxx)
被相続人との続柄 職業		妻　　なし
取得原因	該当する取得原因を○で囲みます。	相続・遺贈・相続時精算課税に係る贈与
※整理番号		

課税価格の計算

		各人の合計	財産を取得した人
①	取得財産の価額 (第11表③)	538,000,000	342,000,000
②	相続時精算課税適用財産の価額 (第11の2表①⑦)		
③	債務及び葬式費用の金額 (第13表3⑦)	15,000,000	15,000,000
④	純資産価額 (①+②-③) (赤字のときは0)	523,000,000	327,000,000
⑤	純資産価額に加算される暦年課税分の贈与財産価額 (第14表1④)	22,000,000	
⑥	課税価格 (④+⑤) (1,000円未満切捨て)	545,000,000 Ⓐ	327,000,000 Ⓑ

各人の算出税額の計算

⑦	法定相続人の数 / 遺産に係る基礎控除額	人 000,000	左の欄には、第2表の②欄の㋑の人数及び⑥の金額を記入します。
	相続税の総額	00	左の欄には、第2表の⑧欄の金額を記入します。
⑧	あん分割合 一般の場合	1.00	
⑨	(⑩の場合を除く)		円

手順 8
その他の相続人も同様の手順で一人ずつ作成していきます。

相続税の申告書（続）

FD3554

○フリガナは、必ず記入してください。

	※申告期限延長日 　年 　月 　日	※申告期限延長日 　年 　月 　日
	財産を取得した人	財産を取得した人
フリガナ	エンドウマサヨシ	アンドウケイコ
氏名	遠藤正義 ㊞	安藤恵子 ㊞
生年月日	昭和51年 3月 24日 (年齢 39 歳)	昭和53年 2月 14日 (年齢 37 歳)
住所 (電話番号)	〒xxx-xxxx ○○市▲▲3丁目5番16号 (xxx - xxx - xxxx)	〒xxx-xxxx △△市○○○6丁目3番1号 (xxx - xxx - xxxx)
被相続人との続柄 職業	長男　会社員	長女　会社員
取得原因	相続・遺贈・相続時精算課税に係る贈与	相続・遺贈・相続時精算課税に係る贈与
※整理番号		

課税価格の計算

①	取得財産の価額 (第11表③)	125,250,000	70,750,000
②	相続時精算課税適用財産の価額 (第11の2表①⑦)		
③	債務及び葬式費用の金額 (第13表3⑦)		
④	純資産価額 (①+②-③) (赤字のときは0)	125,250,000	70,750,000
⑤	純資産価額に加算される暦年課税分の贈与財産価額 (第14表1④)	11,000,000	11,000,000
⑥	課税価格 (④+⑤) (1,000円未満切捨て)	136,250,000	81,750,000

手順 9
手順3から7と同様に記入します。

出典：国税庁ホームページ (https://www.nta.go.jp/souzoku-tokushu/sozoku-shinkokukisairei27.pdf) の「平成27年分相続税申告書の記載例」を加工して作成

133　第3章　相続税に関する書類を書いてみよう

09 第2表 相続税の総額の計算書

この表では、相続税の総額を計算します。
※課税価格の合計額から遺産に係る基礎控除額を差し引いた額について、法定相続分に応じた取得金額に税率を掛けて相続税の総額を計算します

手順1
㋑の欄に第1表の手順7の⑥欄Aの金額を転記します。

手順3
法定相続人の人数を記入し、基礎控除額を記入します。

手順4
㋑－㋩を記入します。

手順2
法定相続人の氏名、続柄、法定相続分を記入します。

手順5
㋥×⑤を記入します。

手順6
相続税の速算表に従って、相続税額を計算します。

手順7
手順6で計算した相続税の総額を計算します。

解説
この第2表では、これまで計算した財産総額を、法定相続分で取得したと仮定して、相続税額を計算します。この、「いったん法定相続分で取得したと仮定して」相続税の総額を計算することがポイントです。

相続税の速算表

左：平成26年12月31日までの場合
右：平成27年1月1日以後の場合

法定相続分に応ずる取得金額	税率	控除額
1,000万円以下	10%	-
3,000万円以下	15%	50万円
5,000万円以下	20%	200万円
1億円以下	30%	700万円
3億円以下	40%	1,700万円
3億円超	50%	4,700万円

法定相続分に応ずる取得金額	税率	控除額
1,000万円以下	10%	-
3,000万円以下	15%	50万円
5,000万円以下	20%	200万円
1億円以下	30%	700万円
2億円以下	40%	1,700万円
3億円以下	45%	2,700万円
6億円以下	50%	4,200万円
6億円超	55%	7,200万円

相続税の総額の計算書

被相続人 　遠藤一郎

第2表（平成27年分以降用）

○この表は、第1表及び第3表の「相続税の総額」の計算のために使用します。
　なお、被相続人から相続、遺贈や相続時精算課税に係る贈与によって財産を取得した人のうちに農業相続人がいない場合は、この表の㊀欄及び㊁欄並びに⑨欄から⑪欄までは記入する必要がありません。

① 課税価格の合計額	② 遺産に係る基礎控除額	③ 課税遺産総額
㋑ (第1表 ⑥㋐) 54,500,000 円　　(第3表 ⑥㋐) ,000 円	3,000万円 + (600万円 × ㋺法定相続人の数 3 人) = ㋩ 4,800 万円	㊁ (㋑-㋩) 6,500 ,000 円　　(㊁-㋩) ,000

④ 法定相続人（注）1参照		⑤ 左の法定相続人に応じた法定相続分	第1表の「相続税の総額⑦」の計算		第3表の「相続税の総額⑦」の計算	
氏　名	被相続人との続柄	法定相続分	⑥ 法定相続分に応ずる取得金額(1,000円未満切捨て)	⑦ 相続税の総額の基となる税額	⑨ 法定相続分に応ずる取得金額(1,000円未満切捨て)	⑩ 相続税の総額の基となる税額
遠藤和代	妻	1/2	3,250 ,000	325,000	,000	
遠藤正義	長男	1/4	1,625 ,000	162,500	,000	
安藤恵子	長女	1/4	1,625 ,000	162,500	,000	
			,000		,000	
			,000		,000	
			,000		,000	
			,000		,000	
法定相続人の数	㋽ 3 人	合計 1	⑧ 相続税の総額(⑦の合計額)(100円未満切捨て)	650,0 00	⑪ 相続税の総額(⑩の合計額)(100円未満切捨て)	00

（注）1　④欄の記入に当たっては、被相続人に養子がある場合や相続の放棄があった場合には、「相続税の申告のしかた」をご覧ください。
　　　2　⑧欄の金額を第1表⑦欄へ転記します。財産を取得した人のうちに農業相続人がいる場合は、⑧欄の金額を第1表⑦欄へ転記するとともに、⑪欄の金額を第3表⑦欄へ転記します。

相続税の速算表

法定相続分に応ずる取得金額	10,000千円以下	30,000千円以下	50,000千円以下	100,000千円以下	200,000千円以下	300,000千円以下	600,000千円以下	600,000千円超
税　率	10%	15%	20%	30%	40%	45%	50%	55%
控除額	－ 千円	500千円	2,000千円	7,000千円	17,000千円	27,000千円	42,000千円	72,000千円

この速算表の使用方法は、次のとおりです。
⑥欄の金額 × 税率 − 控除額 = ⑦欄の税額　　⑨欄の金額 × 税率 − 控除額 = ⑩欄の税額
例えば、⑥欄の金額30,000千円に対する税額（⑦欄）は、30,000千円×15%－500千円＝4,000千円です。

○連帯納付義務について
　相続税の納付については、各相続人等が相続、遺贈や相続時精算課税に係る贈与により受けた利益の価額を限度として、お互いに連帯して納付しなければならない義務があります。

第2表(平27.7)　　　　　　　　　　　　　　　　　　　　　　　　（資4-20-3-A4統一）

出典：国税庁ホームページ（https://www.nta.go.jp/souzoku-tokushu/sozoku-shinkokukisairei27.pdf）の「平成27年分相続税申告書の記載例」を加工して作成

10 第1表 相続税の申告書（その2）

第2表作成後に、再度この第1表に戻ってきます。

手順 1
第2表の手順3と手順7で記入した法定相続人の数、基礎控除、相続税の総額を転記します。

手順 2
⑥÷Aを記入します。
※計算の結果、小数点以下2位未満の端数があるときは、全員の割合の合計が1.00となるように小数点以下2位未満の端数を調整して記入しても差し支えありません。

手順 3
手順1の「⑦相続税の総額」に手順2の「⑧あん分割合」を掛けた金額を記入します。
このケースでは、
650,000円 × 0.60 = 390,000円

手順 4
手順3で記入した各人の算出税額の合計額を記入します。
※財産を取得した人が2人以上いる場合には、手順2と3により各人の算出税額を計算した後に記入します。

上記の手順2と3と同様に記入します

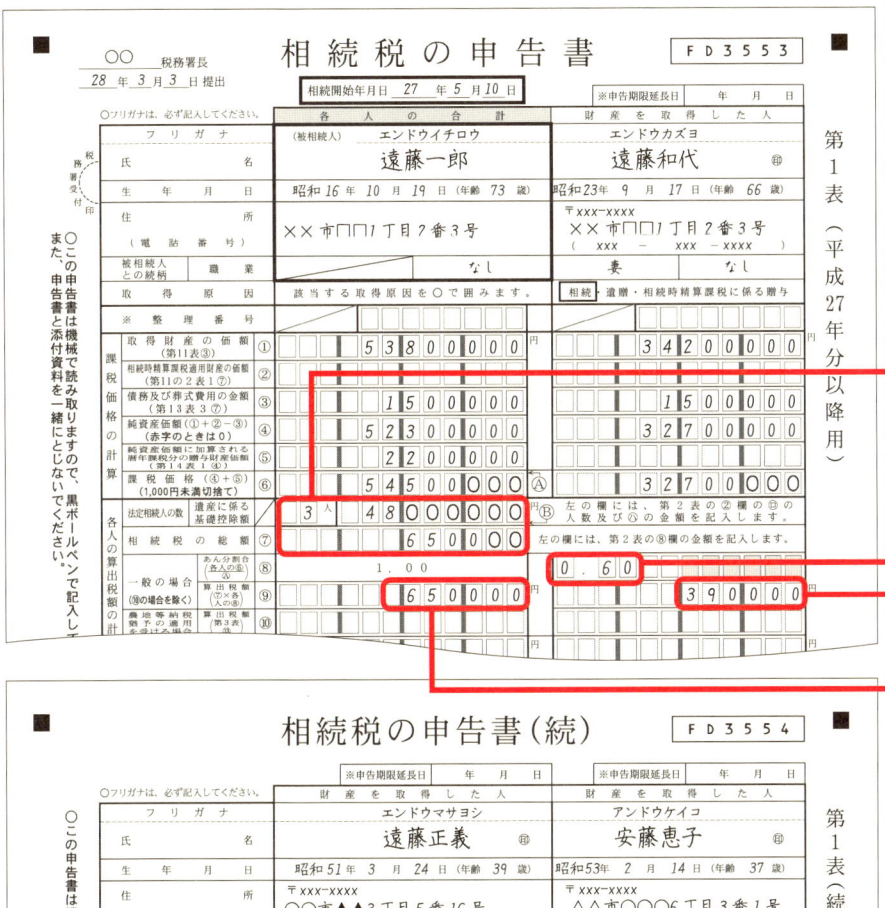

相続税の申告書

FD3553

○○税務署長 28年3月3日提出
相続開始年月日 27年5月10日
※申告期限延長日 　年　月　日

各人の合計 — 被相続人：エンドウイチロウ 遠藤一郎
- 生年月日：昭和16年10月19日（年齢73歳）
- 住所：××市□□1丁目2番3号
- 職業：なし

財産を取得した人：エンドウカズヨ 遠藤和代
- 生年月日：昭和23年9月17日（年齢66歳）
- 住所：××市□□1丁目2番3号
- 続柄：妻
- 取得原因：相続

項目	各人の合計	取得した人
① 取得財産の価額（第11表③）	53,800,000	34,200,000
② 相続時精算課税適用財産の価額（第11の2表1⑦）		
③ 債務及び葬式費用の金額（第13表3⑦）	1,500,000	1,500,000
④ 純資産価額（①+②−③）	52,300,000	32,700,000
⑤ 純資産価額に加算される暦年課税分の贈与財産価額（第14表1④）	2,200,000	
⑥ 課税価格（④+⑤）（1,000円未満切捨て）	54,500,000 Ⓐ	32,700,000 Ⓑ
法定相続人の数・遺産に係る基礎控除額	3人 48,000,000	
⑦ 相続税の総額	6,500,000	0.60
⑧ 一般の場合（⑩の場合を除く） あん分割合 算出税額		
⑨ 算出税額	6,500,000	390,000
⑩ 農地等納税猶予の適用を受ける場合		

第1表（平成27年分以降用）

相続税の申告書（続）

FD3554

財産を取得した人：エンドウマサヨシ 遠藤正義
- 生年月日：昭和51年3月24日（年齢39歳）
- 住所：〒×××-××××　○○市▲▲3丁目5番16号
- 続柄：長男　職業：会社員
- 取得原因：相続

財産を取得した人：アンドウケイコ 安藤恵子
- 生年月日：昭和53年2月14日（年齢37歳）
- 住所：〒×××-××××　△△市○○6丁目3番1号
- 続柄：長女　職業：会社員
- 取得原因：相続

項目	遠藤正義	安藤恵子
① 取得財産の価額（第11表③）	12,525,000	7,075,000
③ 債務及び葬式費用の金額		
④ 純資産価額（①+②−③）	12,525,000	7,075,000
⑤ 暦年課税分の贈与財産価額（第14表1④）	1,100,000	1,100,000
⑥ 課税価格（④+⑤）	13,625,000	8,175,000
⑧ あん分割合	0.250	0.15
⑨ 算出税額	1,625,000	975,000

第1表（続）（平成27年分以降用）

出典：国税庁ホームページ（https://www.nta.go.jp/souzoku-tokushu/sozoku-shinkokukisairei27.pdf）の「平成27年分相続税申告書の記載例」を加工して作成

第3章　相続税に関する書類を書いてみよう

第5表 配偶者の税額軽減の計算書

この表では、母が配偶者の税額軽減の適用を受けるための計算を行います。

手順1
前ページの第1表のA欄の金額を転記します。その後、配偶者の法定相続分をかけた額を記入します。

手順2
手順1で計算した額と1億6,000万円のいずれか多い金額を記入します。

手順3
第11表の手順4で記入した配偶者の①欄の金額と第1表の配偶者の③欄の金額を転記し、配偶者の税額軽減額を計算します。

手順4
第1表の手順1で記入した⑦欄とA欄の金額を転記し、基礎金額を記入します。

手順5
第1表の手順3で記入した配偶者の⑨欄の金額を転記し、配偶者の税額軽減の限度額を記入します。

手順6
手順4と手順5で計算した金額のいずれか少ない金額を記入します。

解説

配偶者の税額軽減とは？

配偶者の税額軽減特例は、1億6,000万円もしくは法定相続分のどちらか高い方までは、配偶者の相続税を軽減する非常に相続税の軽減効果の大きい特例です。これは夫婦間で財産を相続する場合には、相続税を軽減してあげようという法の趣旨がありますが、税務署としては、二次相続、つまり子どもが相続する時の相続税の徴収を念頭においていることに注意しなければなりません。この配偶者の税額軽減特例があるからといって、安易に最大限適用するのではなく、二次相続まで考えて遺産分割案を決定する必要があります。

配偶者の税額軽減額の計算書

被相続人: 遠藤一郎

第5表（平成21年4月分以降用）

私は、相続税法第19条の2第1項の規定による配偶者の税額軽減の適用を受けます。

1 一般の場合

（この表は、①被相続人から相続、遺贈や相続時精算課税に係る贈与によって財産を取得した人のうちに農業相続人がいない場合又は②配偶者が農業相続人である場合に記入します。）

課税価格の合計額のうち配偶者の法定相続分相当額

（第1表の㊁の金額）　［配偶者の法定相続分］

54,500,000円 × 1/2 = 27,250,000円

上記の金額が16,000万円に満たない場合には、16,000万円

㋑※ 160,000,000 円

配偶者の税額軽減額を計算する場合の課税価格

① 分割財産の価額（第11表の配偶者の①の金額）	分割財産の価額から控除する債務及び葬式費用の金額			⑤ 純資産価額に加算される暦年課税分の贈与財産価額（第1表の配偶者の⑤の金額）	⑥ （①-④+⑤）の金額（⑤の金額より小さいときは⑤の金額）（1,000円未満切捨て）
	② 債務及び葬式費用の金額（第1表の配偶者の③の金額）	③ 未分割財産の価額（第11表の配偶者の②の金額）	④ （②-③）の金額（②の金額より大きいときは0）		
34,200,000 円	1,500,000 円	円	1,500,000 円	円	※ 32,700,000 円

⑦ 相続税の総額（第1表の⑦の金額）	⑧ ㋑の金額と⑥の金額のうちいずれか少ない方の金額	⑨ 課税価格の合計額（第1表の㊁の金額）	⑩ 配偶者の税額軽減の基となる金額（⑦×⑧÷⑨）
650,000 円	32,700,000 円	54,500,000 円	390,000 円

配偶者の税額軽減の限度額

（第1表の配偶者の⑨の金額）　（第1表の配偶者の⑫の金額）
(390,000 円 － 円)

㋺ 390,000 円

配偶者の税額軽減額

（⑩の金額と㋺の金額のうちいずれか少ない方の金額）

㋩ 390,000 円

（注）㋩の金額を第1表の配偶者の「配偶者の税額軽減額⑬」欄に転記します。

2 配偶者以外の人が農業相続人である場合

（この表は、被相続人から相続、遺贈や相続時精算課税に係る贈与によって財産を取得した人のうちに農業相続人がいる場合で、かつ、その農業相続人が配偶者以外の場合に記入します。）

課税価格の合計額のうち配偶者の法定相続分相当額

（第3表の㊁の金額）　［配偶者の法定相続分］
,000円 × ＝ 円

上記の金額が16,000万円に満たない場合には、16,000万円

㋥※ 円

配偶者の税額軽減額を計算する場合の課税価格

⑪ 分割財産の価額（第11表の配偶者の①の金額）	⑫ 債務及び葬式費用の金額（第1表の配偶者の③の金額）	⑬ 未分割財産の価額（第11表の配偶者の②の金額）	⑭ （⑫-⑬）の金額（⑫の金額より大きいときは0）	⑮ 純資産価額に加算される暦年課税分の贈与財産価額（第1表の配偶者の⑤の金額）	⑯ （⑪-⑭+⑮）の金額（⑮の金額より小さいときは⑮の金額）（1,000円未満切捨て）
円	円	円	円	円	※ ,000 円

⑰ 相続税の総額（第3表の⑦の金額）	⑱ ㋥の金額と⑯の金額のうちいずれか少ない方の金額	⑲ 課税価格の合計額（第3表の㊁の金額）	⑳ 配偶者の税額軽減の基となる金額（⑰×⑱÷⑲）
円	円	,000 円	円

配偶者の税額軽減の限度額

（第1表の配偶者の⑩の金額）　（第1表の配偶者の⑫の金額）
(円 － 円)

㋬ 円

配偶者の税額軽減額

（⑳の金額と㋬の金額のうちいずれか少ない方の金額）

㋣ 円

（注）㋣の金額を第1表の配偶者の「配偶者の税額軽減額⑬」欄に転記します。

※ 相続税法第19条の2第5項（（隠蔽又は仮装があった場合の配偶者の相続税額の軽減の不適用））の規定の適用があるときには、「課税価格の合計額のうち配偶者の法定相続分相当額」の（第1表の㊁の金額）、⑥、⑦、⑨、「課税価格の合計額のうち配偶者の法定相続分相当額」の（第3表の㊁の金額）、⑯、⑰及び⑲の各欄は、第5表の付表で計算した金額を転記します。

第5表（平27.7）

（資4-20-6-1-A4統一）

出典：国税庁ホームページ（https://www.nta.go.jp/souzoku-tokushu/sozoku-shinkokukisairei27.pdf）の「平成27年分相続税申告書の記載例」を加工して作成

12-1 第1表 相続税の申告書（その3）

妻の最終的な税額を計算します。

手順1
第5表の手順6で記入した金額を転記します。

手順2
⑫〜⑰を合計した金額を記入します。

手順3
納付すべき税額等を記入します。

解説

相続税の納付に注意！
最終的な相続税の金額が算出されたら、相続が開始してから原則10カ月以内に、相続税を納付する必要があります。納付書も税務署から自ら取得し、金融機関の窓口等で納税する必要があります。

相続税の申告書

○○税務署長 28年 3月 3日提出
FD3553

相続開始年月日 27年 5月10日
※申告期限延長日 　年　月　日

○フリガナは、必ず記入してください。

	各人の合計	財産を取得した人
フリガナ	（被相続人）エンドウイチロウ	エンドウカズヨ
氏名	遠藤一郎	遠藤和代　（遺産）
生年月日	昭和16年 10月 19日（年齢 73歳）	昭和23年 9月 17日（年齢 66歳）
住所（電話番号）	××市□□1丁目2番3号	（押印します。）
被相続人との続柄　職業	なし	
取得原因	該当する取得原因を○で囲みます。	相続・遺贈・相続時精算課税に係る贈与
※整理番号		

課税価格の計算

項目	合計	和代
① 取得財産の価額（第11表③）	5,380,000	3,420,000
② 相続時精算課税適用財産の価額（第11の2表1⑦）		
③ 債務及び葬式費用の金額（第13表3⑦）	150,000	150,000
④ 純資産価額（①+②-③）（赤字のときは0）	5,230,000	3,270,000
⑤ 純資産価額に加算される暦年課税分の贈与財産価額（第14表1④）	220,000	
⑥ 課税価格（④+⑤）（1,000円未満切捨て）	5,450,000	3,270,000

各人の算出税額の計算

項目	合計	和代
⑦ 法定相続人の数 / 遺産に係る基礎控除額	3人　48,000,000	Ⓑ
相続税の総額	650,000	
⑧ あん分割合	1.00	0.60
⑨ 一般の場合（⑩の場合を除く）算出税額	650,000	390,000
⑩ 農地等納税猶予の適用を受ける場合 算出税額（第3表⑦）		
⑪ 相続税額の2割加算が行われる場合の加算金額（第4表⑦）		

各人の納付・還付税額の計算

項目	合計	和代
⑫ 暦年課税分の贈与税額控除額（第4表の2⑳）		
⑬ 配偶者の税額軽減額（第5表⑰又は㉒）	390,000	390,000
⑭ 未成年者控除額（第6表1②、③又は⑥）		
⑮ 障害者控除額（第6表2②、③又は⑥）		
⑯ 相次相続控除額（第7表⑬又は⑱）		
⑰ 外国税額控除額（第8表1⑧）		
⑱ 計	390,000	390,000
⑲ 差引税額（⑨+⑪-⑱）又は（⑩+⑪-⑱）（赤字のときは0）	260,000	0
⑳ 相続時精算課税分の贈与税額控除額（第11の2表⑨）	00	00
㉑ 医療法人持分税額控除額（第8の4表2B）		
㉒ 小計（⑲-⑳-㉑）（黒字のときは100円未満切捨て）	260,000	00
㉓ 農地等納税猶予税額（第8表2⑦）	00	00
㉔ 株式等納税猶予税額（第8の2表2⑧）	00	00
㉕ 山林納税猶予税額（第8の3表2⑧）	00	00
㉖ 医療法人持分納税猶予税額（第8の4表2A）	00	00
㉗ 申告期限までに納付すべき税額	260,000	00
㉘ 還付される税額		

第1表（平27.7）　（資4-20-1-1-A4統一）

第1表（平成27年分以降用）

12-2 第1表 相続税の申告書（続・その3）

長男と長女の最終的な税額を計算します。

手順1
P141と同様に記載します。

解説
最終的な相続税額が算出できたら、あとは実際の納税手続きが残ります。相続税の申告書を提出すれば自動的に税務署から納付通知が送られてくるわけではなく、納付書も自分で作成する必要があります。相続税の納付書は税務署に置いてありますので、必要部数を入手して算出した相続税額を自ら記載して、銀行窓口等で納付手続きを行いましょう。

注意点
相続税の申告期限は、相続が起きてから10カ月以内ですが、申告と納付の両方がセットで行われて初めて期限内申告として認められますので、申告書の作成に並行する形で納税資金の準備を行っておきましょう。ぎりぎりになって納税資金の工面ができなければ、ペナルティが発生するため注意が必要です。

相続税の申告書（続）

FD3554

※申告期限延長日　年　月　日　　※申告期限延長日　年　月　日

	財産を取得した人	財産を取得した人
フリガナ	エンドウ マサヨシ	アンドウ ケイコ
氏名	遠藤 正義 ㊞（押印します。）	安藤 恵子 ㊞（押印します。）
生年月日	昭和51年 3月 24日（年齢 39歳）	昭和53年 2月 14日（年齢 37歳）
住所（電話番号）	〒xxx-xxxx ○○市△…	〒xxx-xxxx △△…1号
被相続人との続柄　職業	長… 社員	長… 社員
取得原因	相続・遺贈・相続時精算課税に係る贈与	相続・遺贈・相続時精算課税に係る贈与
※整理番号		

○この申告書は機械で読み取りますので、黒ボールペンで記入してください。

第1表（続）（平成27年分以降用）

課税価格の計算

取得財産の価額（第11表③）①	12,525,000	7,075,000
相続時精算課税適用財産の価額（第11の2表1⑦）②		
債務及び葬式費用の金額（第13表3⑦）③		
純資産価額（①+②-③）（赤字のときは0）④	12,525,000	7,075,000
純資産価額に加算される暦年課税分の贈与財産価額（第14表1④）⑤	1,100,000	1,100,000
課税価格（④+⑤）（1,000円未満切捨て）⑥	13,625,000	8,175,000

各人の算出税額の計算

法定相続人の数　遺産に係る基礎控除額　相続税の総額 ⑦		
あん分割合（各人の⑥／④の⑥）⑧	0.250	0.15
一般の場合（⑩の場合を除く）算出税額（⑦×各人の⑧）⑨	162,500	97,500
農地等納税猶予の適用を受ける場合　算出税額（第3表⑨）⑩		
相続税額の2割加算が行われる場合の加算金額（第4表1⑥）⑪		

各人の納付・還付税額の計算

暦年課税分の贈与税額控除額（第4表の2⑤）⑫		
配偶者の税額軽減額（第5表⑥又は⑫）⑬		
未成年者控除額（第6表1②、③又は⑥）⑭		
障害者控除額（第6表2②、③又は⑥）⑮		
相次相続控除額（第7表③又は⑱）⑯		
外国税額控除額（第8表1⑧）⑰		
計 ⑱		
差引税額（⑨+⑪-⑱）又は（⑩+⑪-⑱）（赤字のときは0）⑲	162,500	97,500
相続時精算課税分の贈与税額控除額（第11の2表⑨）⑳	00	00
医療法人持分税額控除額（第8の4表2B）㉑		
小計（⑲-⑳-㉑）（黒字のときは100円未満切捨て）㉒	162,500	97,500
農地等納税猶予税額（第8表2⑦）㉓	00	00
株式等納税猶予税額（第8の2表2⑧）㉔	00	00
山林納税猶予税額（第8の3表2⑧）㉕	00	00
医療法人持分納税猶予税額（第8の4表2A）㉖	00	00
申告納税額　申告期限までに納付すべき税額（㉒-㉓-…）㉗	162,500	97,500
還付される税額 ㉘		

（注）㉒欄の金額が赤字となる場合は、㉒欄の左端に△を付してください。なお、この場合で、㉒欄の金額のうちに贈与税の外国税額控除額（第11の2表⑨）があるときの㉘欄の金額については、「相続税の申告のしかた」を参照してください。

第1表（続）（平27.7）　　（資4-20-2-1-A4続）

節税よりも
もっと大切なこと

Column

　相続税といえば、これまで一部の富裕層にのみかかる税金だと考えられてきました。実際に統計上も、4％程度の人しか相続税を支払っておらず、96％の人にとって相続税は関係のない税金でした。

　一方で、消費税が8％となり、10％への増税も決まっています。多くの人の負担になる消費税だけ増税しておいて、富裕層向けの相続税が少ないのは不公平だという声の高まりによって、相続税の大増税が決まったのです。これは相続税の大衆化ともいわれており、税制改正前と比べると、相続税を支払う人が2倍以上になるともいわれています。

　相続税は、人生の総決算ともいわれており、生涯に一度だけ、亡くなった時の財産に対して課税されます。だからこそ、毎年のように申告のある法人税や所得税と比べて、節税がしやすいのです。しかしの前に、もっと大切なことがあります。

　それは、「自分の人生をより豊かに幸せにおくること」だと私たちは考えています。国に税金を持っていかれる、だから頑張って節税するというのもいいでしょう。しかし節税をいくら頑張っても、自分の人生が窮屈では意味がありません。まずはいつもより少し奮発して、旅行にでも出かけてみましょう。そこで一度、自分の人生と余生を考え、きたる相続に向けて準備をしていくことで、本当に大切なものが見えてくるかもしれません。

though
第4章
贈与税の概要を知ろう

01 贈与税の概要をつかもう

無償で財産が譲渡されたときに課税される

贈与とは、個人から個人に無償で財産が譲渡されることをいいます。贈与税は、贈与を受けた人に対して課税されるものです。贈与した人に課せられるものではありません。

贈与を受けた人が日本国内に住んでいれば、贈与財産が日本国内にあっても外国にあっても課税対象になります。しかし、次のような場合は日本国内にある財産のみ課税対象となり、外国にある財産には課税されません。

① 贈与を受けた人に日本国籍がなく、贈与した人が外国に住んでいる場合
② 贈与を受けた人に日本国籍があり、贈与した人、贈与を受けた人ともに贈与の5年を超えて前から外国に住んでいる場合

課税対象となる財産は現金や不動産だけではない

贈与税の課税対象となる財産には、現預金、有価証券、不動産などの本来の贈与財産のほ

146

か、形式的には贈与ではないものの実質的には贈与と同じ効果があるとみなされる、みなし贈与財産があります。次のようなものがみなし贈与財産になります。

① **債務の免除による利益**
債務者に資力がなく債務の弁済が困難である場合は非課税になります。

② **保険料を負担していない保険契約から受け取った保険金**

③ **掛金を負担していない定期金（年金）契約から受け取った定期金（年金）**

④ **時価より低い価格で財産を譲り受けたことによる利益**
債務者に資力がなく債務の弁済を目的に低額で譲り受けた場合は非課税になります。

扶養義務者が負担する生活費や教育費、離婚による財産分与などは非課税です。また、法人から贈与された財産は所得税の課税対象となり、贈与した人が亡くなった年に贈与された財産は相続税の課税対象になります。

定期金契約
ある決められた期間内、定期的にお金を受け取る契約。個人年金保険などが代表例

02 年間110万円までなら非課税の贈与税

暦年課税と相続時精算課税

贈与税は次の2種類の制度からなっています。

① **暦年課税**
毎年1月1日から12月31日までの贈与について課税されるものです。

② **相続時精算課税**
贈与のときに贈与税を納め、贈与者が亡くなって相続するときに相続税額から、すでに納めている贈与税額を控除します。贈与税と相続税を一体化させた制度です。

相続時精算課税については、後の項目で詳しく紹介します。

暦年課税の申告期限に要注意

暦年課税は、毎年1月1日から12月31日までの贈与について課税されます。**この期間に受**

けた贈与の合計が基礎控除額（110万円）以下の場合は、課税されません。

申告書は贈与があった翌年の2月1日から3月15日までの間に提出しなければなりません。

納税の期限は贈与があった翌年の3月15日となります。

タイミングを工夫すれば贈与税は非課税になる

贈与税の課税のタイミングが毎年1月1日から12月31日までということが分かれば、次のような対策を採ることができます。

平成27年3月1日に親から子へ現金100万円を贈与し、さらにもう1回100万円を贈与することを考えている場合についてみてみましょう。

2回目の贈与を平成27年中に行えば、平成27年に子が贈与を受けた額は200万円となり、基礎控除後の90万円に対して贈与税が課税されます。ところが、2回目の贈与を遅らせて平成28年に行えば、子が贈与を受けた額は、平成27年、平成28年ともに100万円であり、基礎控除の範囲内となることから贈与税は課税されません。

03 平成27年1月1日から2種類になる暦年課税

> 暦年課税
> 詳細はP148を参照

暦年課税の基礎控除額

贈与税の基礎控除額は、**暦年課税**を選択した場合は110万円です。1年の間に贈与を受けた財産の合計額が110万円以下であれば、申告と納税の必要はありません。

贈与税の計算方法

贈与税は1年の間に贈与を受けた財産の合計から基礎控除額を差し引いた額に対して課税されます。税額計算の速算表をP151の図表4－3－1で紹介します。**平成27年1月1日から税率が改定され、「一般贈与財産」と「特別贈与財産」で異なる税率が適用されるようになりました。**

① 一般贈与財産…特別贈与財産以外の贈与財産
② 特別贈与財産…父母や祖父母など（直系尊属）から子や孫など（直系卑属）へ贈与した財産（直系卑属は贈与された年の1月1日現在で20歳以上）

150

4-3-1 贈与税の速算表

暦年課税の計算方法

$$贈与税額 = 基礎控除後の課税価格 \times 税率 - 控除額$$

平成 26 年 12 月 31 日までの場合

基礎控除後の課税価格	税率	控除額
200 万円以下	10%	－
300 万円以下	15%	10 万円
400 万円以下	20%	25 万円
600 万円以下	30%	65 万円
1,000 万円以下	40%	125 万円
1,000 万円超	50%	225 万円

平成 27 年 1 月 1 日以後の場合

一般贈与財産用の概要

兄弟間の贈与
夫婦間の贈与
親から 20 歳未満の子への贈与
親から子の妻（または夫）への贈与

特別贈与財産用の概要

親から 20 歳以上の子への贈与
祖父母から 20 歳以上の孫への贈与

一般贈与財産の速算表

基礎控除後の課税価格	税率	控除額
200 万円以下	10%	－
300 万円以下	15%	10 万円
400 万円以下	20%	25 万円
600 万円以下	30%	65 万円
1,000 万円以下	40%	125 万円
1,500 万円以下	45%	175 万円
3,000 万円以下	50%	250 万円
3,000 万円超	55%	400 万円

特別贈与財産の速算表

基礎控除後の課税価格	税率	控除額
200 万円以下	10%	－
400 万円以下	15%	10 万円
600 万円以下	20%	30 万円
1,000 万円以下	30%	90 万円
1,500 万円以下	40%	190 万円
3,000 万円以下	45%	265 万円
4,500 万円以下	50%	415 万円
4,500 万円超	55%	640 万円

注：年齢は贈与があった年の 1 月 1 日現在のものを指す

04 配偶者控除（おしどり贈与）を活用しよう

居住用不動産について2000万円まで非課税に

夫婦はお互いに協力し合って財産を形成したという考えから、夫婦の間での贈与については、基礎控除110万円のほかに、最高2000万円までの配偶者控除が適用されます。適用を受けるための要件は次のとおりです。

① 夫婦の婚姻期間が20年を過ぎてから贈与をしたこと（内縁関係の場合は除く）
② 「居住用不動産」または「居住用不動産を購入するための資金」の贈与（土地のみ、家屋のみでも適用可能）
③ 贈与された不動産または贈与された資金で購入した不動産に翌年の3月15日までに住み、その後も住み続ける見込みであること
④ 贈与税の申告書を提出すること（税額が0の場合も提出が必要）

なお、同じ配偶者からの贈与については一度しか適用できません。

4-4-1 配偶者控除の計算例

〈前提条件〉
1. 夫から妻に下記の財産を贈与した
2. 婚姻期間は25年（内縁関係ではない）

例1 現金：100万円（用途は自動車の購入である）
自宅（相続税評価額）：2,200万円

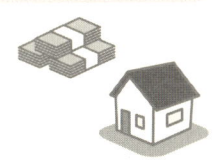

❶ 課税価格を求める

贈与財産の合計2,300万円－基礎控除110万円－配偶者控除2,000万円（※）
＝190万円

※自宅の評価額が2,200万円なので、限度額（2,000万円）まで控除できる。

❷ 贈与税額を求める（図表4-3-1の速算表を参照）

190万円×10％＝19万円

例2 現金：500万円（用途は自動車の購入である）
自宅（相続税評価額）：1,800万円

❶ 課税価格を求める

贈与財産の合計2,300万円－基礎控除110万円－配偶者控除1,800万円（※）
＝390万円

※現金は居住用住宅の購入費用ではなく、自宅の評価額が1,800万円であるため、1,800万円まで控除できる。

❷ 贈与税額を求める（図表4-3-1の速算表を参照）

390万円×20％－25万円＝53万円

この場合、配偶者控除の限度額（2,000万円）までは控除できないことに注意が必要です

05 子や孫への教育資金の一括贈与の特例

1500万円まで贈与税が非課税に

30歳未満の子や孫の**教育資金**に充てる目的で一括贈与したとき、贈与を受けた子や孫は、一定の要件のもとに、1500万円まで贈与税が非課税となります。**平成31年3月31日までに**贈与した場合の時限措置です。**平成25年4月1日から**

金融機関に専用の口座を開設

この制度の適用を受けるためには、単に金銭で贈与するだけでは足りず、金融機関に教育資金口座を開設し、**金融機関**を通して教育資金非課税申告書を提出しなければなりません。

贈与を受けた人は、教育資金口座から払い出した金銭を教育資金として使ったことを証明するため、領収書などを金融機関に提出します。

非課税枠は1500万円ですが、学習塾や習い事など、学校等以外に支払うものは500万円が限度になります。

教育資金の定義
概要はP155の図表4−5−1。もっと詳細に知りたい場合は文部科学省ホームページを参照ください
http://www.mext.go.jp/a_menu/kaikei/zeisei/1332772.htm

取り扱いのある金融機関
信託会社(信託銀行含む)、銀行および金融商品取引業者(第一種金融商品取引業を行う者に限る)、など。実際に商品を扱うかどうかは各金融機関の判断となっている。

154

4-5-1 教育資金の一例

学校等に支払うもの

限度額：学校等以外に支払うものとあわせて 1,500 万円

- 入学金、授業料、入園料、保育料など
- 入学試験、入園試験の検定料
- 学用品購入費、給食費、修学旅行費など

学校等以外に支払うもの

限度額：500 万円

- 学習塾、そろばん塾、スポーツ教室、ピアノ教室などに支払う月謝
- 通学定期券代、留学のための渡航費　（平成 27 年 4 月以降）

教育資金口座契約の終了

贈与を受けた人が30歳になったときや残高が0円になって契約終了の合意があったときは、教育資金口座の契約が終了します。その時点の口座の残高や口座から払い出して教育以外に使った金額は、その年の贈与税の課税価格に算入されます。

贈与を受けた人が亡くなった場合も契約が終了しますが、口座の残高や教育以外に使った金額があっても贈与税の課税対象にはなりません。

06 住宅資金の贈与に使える特例
(住宅取得等資金の贈与税の特例)

住宅取得等の資金は一定限度内で非課税に

父母や祖父母など直系尊属から、住宅の新築や購入または増改築のための資金の贈与を受けた場合、一定の要件のもとに、一定の金額まで贈与税が非課税となります。**平成27年4月1日から平成31年6月30日までに贈与した場合の時限措置です。**

適用を受けるための要件

この制度の適用を受けるため、贈与を受けた人が満たすべき要件は次のとおりです。

① 贈与を受けたときに日本国内に住んでいること
または、日本国内に住んでいなくても次のいずれかにあてはまること
- 日本国籍があって、贈与までの5年以内に日本国内に住んだことがある
- 日本国籍があって、贈与した人が贈与までの5年以内に日本国内に住んだことがある
- 日本国籍がないが、贈与した人が贈与のときに日本国内に住んでいる

4-6-1 住宅資金の贈与を活用して憧れのマイホームを購入

② 贈与を受けたときに贈与した人の子や孫など直系卑属であること

③ 贈与を受けた年の1月1日において20歳以上であること

④ 贈与を受けた年の所得税に係る合計所得が2000万円以下であること

⑤ 贈与を受けた年の翌年の3月15日までに、贈与された資金の全額を使って住宅の新築や購入または増改築を行うこと

⑥ 贈与を受けた年の翌年の3月15日までにその住宅に居住すること。または、その日以降遅滞なく居住すること

⑦ 配偶者や親族などから住宅を購入していないこと。または、配偶者や親族などとの請負契約で住宅の新築や増改築をしていないこと

⑧ 平成22・24・27年度の各税制改正前の「住宅取得等資金の贈与税の非課税」の

⑨ 贈与を受けた年の翌年の2月1日から3月15日までに贈与税の申告書と添付書類を提出すること

住宅の要件

贈与を受けた人の要件のほか、新築や購入または増改築を行う住宅にも次のような要件が定められています。

① 日本国内にあること
② 床面積が50㎡以上240㎡以下であること
③ 床面積の2分の1以上が贈与を受けた人の居住用であること
④ (新築または取得した場合) 建物が次のいずれかにあてはまること
・建築後使用されたことがない
・建築後使用されたことがあって、築20年以内（耐火建築物は築25年以内）である
・建築後使用されたことがあって、**耐震基準**に適合しているか、翌年の3月15日までに適合する見込みである
⑤ (増改築した場合) 増改築工事が一定の要件にあてはまり、指定の書類で証明されていること

耐震基準
「耐震基準適合証明書」又は「建設住宅性能評価書の写し（耐震等級に係る評価が等級1以上であるものに限る）」により証明されたものです。

4-6-2 住宅取得等資金贈与の控除限度額一覧表

契約日	省エネ等住宅	一般住宅
平成27年1月1日～12月31日	1,500万円	1,000万円
平成28年1月1日～平成28年9月30日	1,200万円	700万円
平成28年10月1日～平成29年9月30日	1,200万円 (3,000万円)	700万円 (2,500万円)
平成29年10月1日～平成30年9月30日	1,000万円 (1,500万円)	500万円 (1,000万円)
平成30年10月1日～平成31年6月30日	800万円 (1,200万円)	300万円 (700万円)

（ ）内は家屋の新築や購入または増改築に係る消費税等の税率が10％である場合の控除限度額です。省エネ等住宅とは、一定の省エネ基準や耐震基準などを満たした住宅のことです

住宅取得等資金贈与の控除限度額

住宅取得等資金贈与の控除限度額は、上にある図表4-6-1のとおりです。政策的な観点から、一定の要件を満たす**省エネ等住宅**については控除限度額が増額されています。

また、住宅取得等資金贈与の非課税は、暦年課税の基礎控除または相続時精算課税の特別控除と併用できます。

⑥（増改築した場合）増改築費用が100万円以上であること

省エネ等住宅
確定申告時に、省エネ性又は耐震性を満たす住宅であることを証明するため、次のいずれかの書類が必要です。
①建設住宅性能評価書の写し
②住宅性能証明書
③長期優良住宅に係る認定通知書及び認定長期優良住宅建築証明書又は住宅用家屋証明書

07 結婚・子育て資金の一括贈与の特例

1000万円まで贈与税が非課税に

20歳以上50歳未満の子や孫に対して、結婚・子育て資金として一括贈与したとき、贈与を受けた子や孫は、一定の要件のもとに、1000万円まで贈与税が非課税となります。平成27年4月1日から平成31年3月31日までに贈与した場合の時限措置です。

金融機関に専用の口座を開設

適用を受けるためには、金融機関に結婚・子育て資金口座を開設し、**金融機関を通して**結婚・子育て資金非課税申告書を提出しなければなりません。

贈与を受けた人は、結婚・子育て資金口座から払い出した金銭を結婚・子育て資金に使ったことを証明するため、領収書などを金融機関に提出します。

結婚・子育て資金口座契約が終了するまでに贈与した人が亡くなったときは、口座の残高と口座から払い出して結婚・子育て以外に使った金額は、贈与した人から相続したこととなります。

金融機関の選び方 主には大手信託銀行等が取り扱っており、内容に大差はありません。

4-7-1 結婚・子育て資金の一例

結婚に際して支払うもの

限度額：300万円

- 挙式・披露宴の費用、衣装代など（婚姻の1年前以後に支払われるもの）
- 家賃や敷金などの新居費用、転居費用

妊娠、出産、育児に要するもの

限度額：結婚費用とあわせて1,000万円

- 不妊治療、妊婦健診の費用
- 分娩費や産後ケアの費用
- 子どもの医療費、幼稚園・保育所の保育料、ベビーシッター代

なお、非課税枠は1000万円ですが、結婚に関するものは300万円が限度になります。

結婚・子育て資金口座契約の終了

贈与を受けた人が50歳になったときや残高が0円になって契約終了の合意があったときは、結婚・子育て資金口座の契約が終了します。その時点の口座の残高や結婚・子育て資金以外に使った金額は、その年の贈与税の課税価格に算入されます。

贈与を受けた人が亡くなった場合も契約が終了しますが、口座の残高や結婚・子育て以外に使った金額があっても贈与税の課税対象にはなりません。

08 相続税と贈与税の二重課税を防ぐ 相続時精算課税制度

相続税から既に納めた贈与額を控除する

相続時精算課税とは、贈与税と相続税の一体化を図った制度です。贈与を受けたときに贈与税を納め、贈与した人が亡くなったときに相続税から既に納めた贈与税の額を控除します。

相続時精算課税制度は、贈与税の非課税限度額が大きく、世代間の財産の譲渡を促す意味合いもあります。

適用を受けるための要件

相続時精算課税は、贈与する人が60歳以上の父母または祖父母であって、贈与を受ける人が20歳以上の子や孫である場合に適用できます。贈与する財産の種類、金額や贈与の回数についての制限はありません。複数年にまたがってもかまいません。

贈与を受ける人1人あたり2500万円を限度に贈与税が非課税となります。複数年にまたがるときは、贈与の累計額が2500万円になるまで非課税となります。2500万円を超えた部分については、一律20％の税率で贈与税が課税されます。

4-8-1 贈与税を納めていたらしっかり控除しよう

なお、一度、相続時精算課税を適用すると、同じ贈与者からの贈与については、暦年課税を適用することはできません。贈与者の相続が始まるまで、つまり贈与者が亡くなるまで、継続して相続時精算課税を適用することになります。

住宅取得等資金贈与に係る特例

住宅取得等のための資金を平成31年6月30日までに贈与する場合は、贈与する人の年齢制限がなくなります。親が60歳未満であっても、子が20歳以上であれば相続時精算課税が選択できます。

住宅取得等資金の贈与であるための要件は、前項で紹介した住宅取得等資金贈与の非課税の制度とおおむね共通ですが、贈与を受ける人の所得や住宅の面積の上限はありません。

Column

孫への教育資金贈与の特例がヒットした理由

　これまで贈与特例は色々なものがありましたが、孫への教育資金贈与の特例は「大ヒット」しました。その理由には次のようなものが考えられます。

1．「孫」が対象となったこと

　子が対象の贈与特例は多くありましたが、孫が対象になったのが大きなポイントでした。かわいい孫のためなら、ついつい財布の紐が緩くなるといったところでしょうか。

2．「教育資金」に使途を限定したこと

　やはり祖父母の立場からすると、贈与で節税を行いつつ、かわいい孫のために贈与はしてあげたいけれど、多額のお金を贈与してしまうと、親が無駄遣いしてしまうのではないかという心配がありました。そこで、贈与資金の使途を教育資金に限定したことで、安心して贈与を行うことが可能となりました。

　この特例ができる前からも、その都度、孫への教育資金を贈与していた場合には贈与税は非課税でした。今回の特例は、「一括」で贈与できるところがポイントです。

　この特例を使って贈与をした結果、喜ぶのは孫ではなく、自分の子ですね。どうせ喜んでもらうなら、一括で「一回だけの」ありがとうではなく、都度都度贈与して、「何度も」ありがとうと言ってもらう方がよいかもしれませんね。

第5章
贈与税・贈与関連の書類を書こう

贈与税申告書の書き方（1）

01

速算表を参考に贈与された額を順に書き込んでいこう。

手順1
財産をもらった人が住んでいるエリアを管轄する税務署名を記入。
https://www.nta.go.jp/soshiki/kokuzeikyoku/chizu/chizu.htm（国税庁サイトで簡単に検索できます）

手順2
財産をもらった人の、住所、名前、生年月日、電話番号、職業といった基本情報を記入の上で、印の箇所に捺印（認印可）。

手順3
財産を贈与した人の住所、名前、続柄、生年月日を記入。

手順4
渡した財産の大まかな内容を記入。

手順5
贈与を受けた日を記入。

手順6
贈与を受けた財産の額を記入。

手順7
複数の贈与を受けた際には、贈与ごとに記入。

手順8
1年間（1月1日～12月31日まで）で贈与を受けた合計額を記入。

モデルケース
贈与した人：鈴木一郎さん（お父さん）
もらった人：鈴木太郎さん（息子）
贈与の概要：200万円を現金でもらった

解説
贈与税申告書の作成は自分でできる？
本事例のように、相続時精算課税制度等の特例を受けずに、現金や預貯金の贈与を受けただけだと、贈与税申告書の作成はさほど難しくないため、税理士に依頼せずに作成することも可能です。
贈与税の申告は、その年の1月1日～12月31日までに贈与を受けた額を合計して、翌年の3月15日までに税務署へ申告を行う必要がありますので、注意しましょう。
なお、贈与税の様式は税務署にも置いてありますが、国税庁HPからダウンロードも可能です。
https://www.nta.go.jp/tetsuzuki/shinkoku/zoyo/yoshiki2014/01.htm

平成26年分贈与税の申告書

税務署長: 杉並
提出日: 平成27年3月1日提出
整理番号: FD4724

提出用

住所	〒166-×××× 電話 03-1734-5678 東京都杉並区〇〇1丁目2番3号
フリガナ	スズキタロウ
氏名	鈴木太郎 (印)
生年月日	3 46 07 01
職業	

I 暦年課税分

贈与者の住所・氏名(フリガナ)・申告者との続柄・生年月日

住所	東京都杉並区〇〇1丁目2番3号
フリガナ	スズキイチロウ
氏名	鈴木一郎
続柄	父
生年月日	明・大・昭・平 16年2月8日

取得した財産の明細
- 種類: 現金、預貯金など
- 細目: 現金、預貯金など
- 所在地等:
- 数量・固定資産税評価額・倍数:

財産を取得した年月日: 平成26年07月01日
財産の価額: 2,000,000円

税額計算

①	財産の価額の合計額(課税価格)	2,000,000
②	配偶者控除額	
③	基礎控除額	1,100,000
④	②及び③の控除後の課税価格(①-②-③)【1,000円未満切捨て】	900,000
⑤	④に対する税額	90,000
⑥	外国税額の控除額	
⑦	医療法人持分税額控除額	
⑧	差引税額(⑤-⑥-⑦)	90,000

II 相続時精算課税分

⑨	特定贈与者ごとの課税価格の合計額	
⑩	特定贈与者ごとの差引税額の合計額	

III 合計

⑪	課税価格の合計額(①+⑨)	2,000,000
⑫	差引税額の合計額(納付すべき税額)(⑧+⑩)【100円未満切捨て】	90,000
⑬	農地等納税猶予税額	
⑭	株式等納税猶予税額	
⑮	医療法人持分納税猶予税額	
⑯	申告期限までに納付すべき税額(⑫-⑬-⑭-⑮)	90,000
⑰	差引税額の合計額(納付すべき税額)の増加額	
⑱	申告期限までに納付すべき税額の増加額	

作成税理士: 税理士法人チェスター
☑ 税理士法第30条の書面提出有
☐ 税理士法第33条の2の書面提出有

(注)平成27年分贈与税の申告書の書式は上記と異なる場合があります

出典:国税庁ホームページ(https://www.nta.go.jp/tetsuzuki/shinkoku/zoyo/tebiki2014/pdf/00.pdf)の「平成26年分贈与税の申告のしかた」を加工して作成

02 贈与税申告書の書き方（2）

速算表を参考に贈与された額を順に書き込んでいこう。

手順9
贈与額の合計額から基礎控除110万円を差し引いた課税対象額を記入。

手順10
贈与税率表の税率にあてはめる。ここでは200万円以下であるため、10％となる。

手順11
最終的に納付する税額を記入（通常は上記で計算した贈与税と同額）。

手順12
税理士に申告書作成を依頼している場合には、この欄に、税理士がサインする。

【一般贈与財産用】（一般税率）

区分	200万円以下	300万円以下	400万円以下	600万円以下	1,000万円以下	1,500万円以下	3,000万円以下	3,000万円超
税率	10%	15%	20%	30%	40%	45%	50%	55%
控除額	-	10万円	25万円	65万円	125万円	175万円	250万円	400万円

この速算表は、「特例贈与財産」に該当しない場合の贈与税の計算に使用します。
例えば、兄弟間の贈与、親から子への贈与で子が未成年者の場合などに使用します。

【特例贈与財産用】（特例税率）

区分	200万円以下	400万円以下	600万円以下	1,000万円以下	1,500万円以下	3,000万円以下	4,500万円以下	4,500万円超
税率	10%	15%	20%	30%	40%	45%	50%	55%
控除額	-	10万円	30万円	90万円	190万円	265万円	415万円	640万円

この速算表は、直系尊属（祖父母や父母など）から、一定の年齢の者（子・孫など）への贈与税の計算に使用します。

平成26年分贈与税の申告書

提出用 杉並税務署長 平成27年3月1日提出

FD4724

第一表（平成26年分以降用）

住所：〒166-×××× （電話 03-1234-5678）
東京都杉並区○○1丁目2番3号

フリガナ：スズキタロウ
氏名：鈴木太郎 ㊞

生年月日：3 46 07 01　明治1.大正2.昭和3.平4

I 暦年課税分

贈与者の住所・氏名（フリガナ）／申告者との続柄・生年月日：
住所：東京都杉並区○○1丁目2番3号
フリガナ：スズキイチロウ　続柄：父
氏名：鈴木一郎
生年月日：明・大・昭・平 16年2月8日

取得した財産の明細：
種類：現金、預貯金など
細目：現金、預貯金など

財産を取得した年月日： 平成26年07月01日
財産の価額： 2,000,000円

① 財産の価額の合計額（課税価格）		2,000,000
② 配偶者控除額		
③ 基礎控除額		1,100,000
④ ②及び③の控除後の課税価格（①-②-③）【1,000円未満切捨て】		900,000
⑤ ④に対する税額（申告書第一表の裏面の「贈与税の速算表」を使って計算します。）		90,000
⑥ 外国税額の控除額		
⑦ 医療法人持分税額控除額		
⑧ 差引税額（⑤-⑥-⑦）		90,000

II 相続時精算課税分

| ⑨ 特定贈与者ごとの課税価格の合計額 | |
| ⑩ 特定贈与者ごとの差引税額の合計額 | |

III 合計

⑪ 課税価格の合計額（①+⑨）	2,000,000
⑫ 差引税額の合計額（納付すべき税額）（⑧+⑩）【100円未満切捨て】	90,000
⑬ 農地等納税猶予税額	
⑭ 株式等納税猶予税額	
⑮ 医療法人持分納税猶予税額	
⑯ 申告期限までに納付すべき税額（⑫-⑬-⑭-⑮）	90,000
⑰ 差引税額の合計額（納付すべき税額）の増加額	
⑱ 申告期限までに納付すべき税額の増加額	

作成税理士：税理士法人チェスター
☑ 税理士法第30条の書面提出有
☐ 税理士法第33条の2の書面提出有

（注）平成27年分贈与税の申告書の書式は上記と異なる場合があります。

出典：国税庁ホームページ (https://www.nta.go.jp/tetsuzuki/shinkoku/zoyo/tebiki2014/pdf/00.pdf) の「平成26年分贈与税の申告のしかた」を加工して作成

第5章 贈与税・贈与関連の書類を書こう

03-1 住宅取得等資金の非課税の計算明細書の書き方（1）

明細書を先に書いてから贈与税の申告書を書こう。

手順1
「住宅取得等資金の非課税」の適用を受ける場合には□にレ印を記入します。

手順2
贈与を受けた日を記入します。

手順3
贈与を受けた金額の総額を記入します。

手順4
非課税限度額を記入します。

手順5
通常、適用限度額まで記入します。

手順6
贈与を受けた額から非課税限度額を控除します。

モデルケース
贈与した人：佐藤一郎さん（祖父）大正12年8月3日生まれ
佐藤一郎さんの住所：東京都杉並区△△1丁目△△
もらった人：佐藤太郎さん（孫）
佐藤太郎さんの住所：東京都杉並区□□1丁目××
佐藤太郎さんの生年月日：昭和52年10月20日　職業　会社員
贈与の概要：1,500万円を現金でもらい、通常の住宅用家屋を建築した。

非課税限度額の算出方法

住宅用家屋の取得などに係る契約の締結時期	平成27年	平成28年 1月～9月	消費税率	平成28年 10月～12月	平成29年 1月～9月	平成29年 10月～12月	平成30年 1月～9月	平成30年 10月～12月	平成31年 1月～6月
下記以外の住宅用家屋	1,000万円	700万円	10%以外	700万円	700万円	500万円	500万円	300万円	300万円
			10%	2,500万円	2,500万円	1,000万円	1,000万円	700万円	700万円
省エネ等住宅（※1）	1,500万円	1,200万円	10%以外	1,200万円	1,200万円	1,000万円	1,000万円	800万円	800万円
			10%	3,000万円	3,000万円	1,500万円	1,500万円	1,200万円	1,200万円

平成26年分贈与税の申告書（住宅取得等資金の非課税の計算明細書）

受贈者の氏名：佐藤太郎

次の住宅取得等資金の非課税の適用を受ける人は、□の中にレ印を記入してください。
☑ 私は、租税特別措置法第70条の2第1項の規定による住宅取得等資金の非課税の適用を受けます。（注1）

（単位は円）

住宅取得等資金の非課税分

贈与者の住所・氏名（フリガナ）・申告者との続柄・生年月日	取得した財産の所在場所等	住宅取得等資金を取得した年月日 / 住宅取得等資金の金額
住所：東京都杉並区△△1丁目△△ フリガナ：サトウイチロウ 氏名：佐藤一郎　続柄：祖父 生年月日：明・㊥・昭・平 10年5月10日	東京都杉並区〇丁目△△	平成 26年 07月 01日 15,000,000
住所： （贈与する側の氏名、住所などを記入） フリガナ：　氏名：　続柄： 生年月日：明・大・昭・平　年　月　日		平成　年　月　日

住宅取得等資金の合計額	㉘	15,000,000

贈与者の住所・氏名（フリガナ）・申告者との続柄・生年月日	取得した財産の所在場所等	住宅取得等資金を取得した年月日 / 住宅取得等資金の金額
住所： フリガナ：　氏名：　続柄： 生年月日：明・大・昭・平　年　月　日		平成　年　月　日

住宅取得等資金の合計額	㉙	
非課税限度額（1,000万円又は500万円）（注2）	㉚	10,000,000
平成24年分又は25年分の贈与税の申告で非課税の適用を受けた金額	㉛	
非課税限度額の残額（㉚－㉛）	㉜	10,000,000
㉘のうち非課税の適用を受ける金額	㉝	10,000,000
㉙のうち非課税の適用を受ける金額	㉞	
非課税の適用を受ける金額の合計額（㉝＋㉞）（㉜の金額を限度とします。）	㉟	10,000,000
㉘のうち課税価格に算入される金額（㉘－㉝）（㉘に係る贈与者の「財産の価額」欄（申告書第一表又は第二表）にこの金額を転記します。）	㊱	5,000,000
㉙のうち課税価格に算入される金額（㉙－㉞）（㉙に係る贈与者の「財産の価額」欄（申告書第一表又は第二表）にこの金額を転記します。）	㊲	

㊱又は㊲に金額の記載がある場合における申告書第一表又は第二表の贈与者又は特定贈与者の「住所・氏名（フリガナ）・申告者との続柄・生年月日」欄の記載は、㊱又は㊲の金額に係る贈与者又は特定贈与者の「氏名（フリガナ）」のみとして差し支えありません。

（注1）住宅取得等資金の非課税の適用を受ける人で、平成26年分の所得税及び復興特別所得税の確定申告書を提出した人は次の欄を記入し、提出していない人は合計所得金額を明らかにする書類を贈与税の申告書に添付する必要があります。

| 所得税及び復興特別所得税の確定申告書を提出した年月日 | 27・2・27 | 提出した税務署 | 杉並　税務署 |

（注2）新築若しくは取得又は増改築等をした住宅用の家屋が、一定の省エネルギー性又は耐震性を満たす住宅用の家屋（租税特別措置法施行令第40条の4の2第7項の規定により証明がされたものをいいます。）である場合は「1,000万円」と、それ以外の住宅用の家屋である場合は「500万円」となります。ただし、平成24年分又は25年分の贈与税の申告で、住宅取得等資金の非課税の適用を受けている場合の非課税限度額については、これらの金額と異なる場合がありますので、詳しくは、税務署にお尋ねください。

※ 税務署整理欄　整理番号□□□□□　名簿□□□　確認□
※印欄には記入しないでください。

（資5-10-1-3-A4統一）（平26.10）

（注）平成27年分贈与税の申告書の書式は上記と異なる場合があります。

（※1）「省エネ等住宅」とは、エネルギーの使用の合理化に著しく資する住宅用の家屋、大規模な地震に対する安全性を有する住宅用の家屋または高齢者等が自立した日常生活を営むのに特に必要な構造及び設備の基準に適合する住宅用の家屋を指します。
具体的には省エネ等基準＜①断熱等性能等級4もしくは一次エネルギー消費量等級4以上相当であること、②耐震等級（構造躯体の倒壊など防止）2以上もしくは免震建築物であることまたは③高齢者等配慮対策等級（専用部分）3以上であること＞に適合する住宅用家屋であることです。出所：国税庁ホームページ「住宅取得等資金の贈与税の非課税」のあらましを参考に編集部で作成 https://www.nta.go.jp/shiraberu/ippanjoho/pamph/sozoku/pdf/jutaku27-310630.pdf

出典：国税庁ホームページ（https://www.nta.go.jp/tetsuzuki/shinkoku/zoyo/tebiki2014/pdf/00.pdf）の「平成26年分贈与税の申告のしかた」を加工して作成

03-2 住宅取得等資金の非課税の計算明細書の書き方（2）

P170で書いた明細書の内容を申告書に転記しよう。

手順7
財産を取得した年月日を記載します。

手順8
P170の手順6を転記します。

手順9
①-②-③の額を記入します。

手順10
贈与税を計算して、記入します（贈与税の速算表はP151を参照）。

手順11
申告書の指示通り、加減算して求めます。

手順12
申告書の指示通り、加減算して求めます。

手順13
最終的な贈与税額です。

手順14
税理士が作成する場合にサインする欄ですので、個人で申告する際には記入不要です。

平成26年分贈与税の申告書

杉並 税務署長
平成27年 2月 27日提出

提出用

住所: 〒166-×××× 電話 03-××××-××××
東京都杉並区□□1丁目××
フリガナ: サトウタロウ
氏名: 佐藤太郎 ㊞
生年月日: 3 50 08 08
職業:

> 贈与される側の氏名、住所などを記入

税務署整理欄（記入しないでください。）
整理番号／名簿／申告書提出／事案／処理／出向年月／訂正／死亡年月日／関与区分／修正

FD4724

第一表（平成26年分以降用）

I 暦年課税分

贈与者の住所・氏名（フリガナ）／申告者との続柄・生年月日
住所: 東京都杉並区△△1丁目△△
フリガナ: サトウイチロウ　続柄: 祖父
氏名: 佐藤一郎
生年月日: 明・大・昭・平 10年 5月 10日

取得した財産の明細
種類: 現金、預貯金など
細目: 現金（住宅取得等資金）
所在場所等: 申告書第一表の二のとおり

財産を取得した年月日: 平成 26年 07月 17日
財産の価額: 5,000,000

> 贈与する側の氏名、住所などを記入

① 財産の価額の合計額（課税価格）		5,000,000
② 配偶者控除額		
③ 基礎控除額		1,100,000
④ ②及び③の控除後の課税価格（①−②−③）【1,000円未満切捨て】		3,900,000
⑤ ④に対する税額		530,000
⑥ 外国税額の控除額		
⑦ 医療法人持分税額控除額		
⑧ 差引税額（⑤−⑥−⑦）		530,000

II 相続時精算課税分

⑨ 特定贈与者ごとの課税価格の合計額
⑩ 特定贈与者ごとの差引税額の合計額

III 合計

⑪ 課税価格の合計額（①+⑨）		5,000,000
⑫ 差引税額の合計額（納付すべき税額）（⑧+⑩）【100円未満切捨て】		530,00
⑬ 農地等納税猶予税額		
⑭ 株式等納税猶予税額		
⑮ 医療法人持分納税猶予税額		
⑯ 申告期限までに納付すべき税額（⑫−⑬−⑭−⑮）		530,00

この申告書が修正申告書である場合
⑰ 差引税額の合計額（納付すべき税額）の増加額
⑱ 申告期限までに納付すべき税額の増加額

⑲ 作成税理士の事務所所在地・署名押印・電話番号
□ 税理士法第30条の書面提出有
□ 税理士法第33条の2の書面提出有

通信日付印／確認者印

（注）平成27年分贈与税の申告書の書式は上記と異なる場合があります

173　第5章　贈与税・贈与関連の書類を書こう

出典：国税庁ホームページ（https://www.nta.go.jp/tetsuzuki/shinkoku/zoyo/tebiki2014/pdf/00.pdf）の「平成26年分贈与税の申告のしかた」を加工して作成

04-1 相続時精算課税制度を適用する場合の申告書の書き方（1）

まずは「相続時精算課税の計算明細書」を書こう。

手順 1
住宅取得等資金に係る贈与税の非課税措置の適用を受けない場合にはチェックマークは不要。

手順 2
贈与者の情報、贈与した財産の種類、贈与日、金額を記入します。

手順 3
贈与財産の合計額を記入します。

手順 4
贈与額から 2,500 万円を控除した金額を記入します。2,500 万円以下の場合には 0 円となります。

手順 5
（贈与額 − 2,500 万円）× 20％が、相続時精算課税制度を適用した場合の贈与税額となります。

モデルケース
- 贈与した人：田中健一さん（父）昭和 12 年 9 月 28 日生まれ
- 贈与した人の住所：東京都調布市〇〇 1 丁目××
- もらった人：田中幸子さん（長女）昭和 48 年 2 月 20 日生まれ　会社員
- もらった人の住所：東京都調布市□□ 1 丁目△△
- 贈与の概要：平成 26 年 6 月 3 日に 2,740 万円の現金をもらった

平成26年分贈与税の申告書（相続時精算課税の計算明細書）

FD4733

受贈者の氏名　田中幸子

第二表（平成26年分以降用）

提出用

次の特例の適用を受ける場合には、□の中にレ印を記入してください。
□ 私は、租税特別措置法第70条の3第1項の規定による**相続時精算課税選択の特例**の適用を受けます。

（単位は円）

	特定贈与者の住所・氏名（フリガナ）申告者との続柄・生年月日	左の特定贈与者から取得した財産の明細（種類／細目／利用区分・銘柄等／数量／単価／所在場所等／固定資産税評価額／倍数）	財産を取得した年月日／財産の価額
相続時精算課税分	住所　東京都調布市○○1丁目×× フリガナ　タナカケンイチ 氏名　田中健一 続柄　父 生年月日　3 12年09月28日 （明治1．大正2．昭和3．平成4）	現金	平成26年06月03日 27,400,000円
			平成　年　月　日
			平成　年　月　日

特別控除額の計算	財産の価額の合計額（課税価格）	⑲	27,400,000
	過去の年分の申告において控除した特別控除額の合計額（最高2,500万円）	⑳	
	特別控除額の残額（2,500万円－⑳）	㉑	25,000,000
	特別控除額（⑲の金額と㉑の金額のいずれか低い金額）	㉒	25,000,000
	翌年以降に繰り越される特別控除額（2,500万円－⑳－㉒）	㉓	

税額の計算	㉒の控除後の課税価格（⑲－㉒）【1,000円未満切捨て】	㉔	2,400,000
	㉔に対する税額（㉔×20％）	㉕	480,000
	外国税額の控除額（外国にある財産の贈与を受けた場合で、外国の贈与税を課せられたときに記入します。）	㉖	
	差引税額（㉕－㉖）	㉗	480,000

上記の特定贈与者からの贈与により取得した財産に係る過去の相続時精算課税分の贈与税の申告状況	申告した税務署名	控除を受けた年分	受贈者の住所及び氏名（「相続時精算課税選択届出書」に記載した住所・氏名と異なる場合のみ記入します。）
	署	平成　年分	
	署	平成　年分	
	署	平成　年分	

（注）上記の欄に記入しきれないときは、適宜の用紙に記載し提出してください。

◎ 上記に記載された特定贈与者からの贈与について初めて相続時精算課税の適用を受ける場合には、申告書第一表及び第二表と一緒に「相続時精算課税選択届出書」を必ず提出してください。なお、同じ特定贈与者から翌年以降財産の贈与を受けた場合には、「相続時精算課税選択届出書」を改めて提出する必要はありません。

※税務署整理欄	整理番号	名簿	届出番号
	財産細目コード	確認	

※印欄には記入しないでください。

（資5-10-2-1-A4統一）（平26.10）

（注）平成27年分贈与税の申告書の書式は上記と異なる場合があります

出典：国税庁ホームページ（https://www.nta.go.jp/tetsuzuki/shinkoku/zoyo/tebiki2014/pdf/00.pdf）の「平成26年分贈与税の申告のしかた」を加工して作成

04-2 相続時精算課税制度を適用する場合の申告書の書き方（2）

P174の記入内容に基づいて贈与税の申告書を書こう。

手順6
P175の明細書にある⑲の額を転記します。

手順7
P175の明細書にある㉗の額を転記します。

手順8
①＋⑨の額を記入します。

手順9
最終税額を記入します。通常は⑫の額をそのまま記入します。

(注)平成27年分贈与税の申告書の書式は上記と異なる場合があります

出典：国税庁ホームページ (https://www.nta.go.jp/tetsuzuki/shinkoku/zoyo/tebiki2014/pdf/00.pdf) の「平成26年分贈与税の申告のしかた」を加工して作成

04-3 相続時精算課税制度を適用する場合の申告書の書き方（3）

最後に相続時精算課税選択届出書を書こう。

手順10
相続時精算課税制度を適用する場合には、この選択届出書を記入します。ここで添付書類の確認も同時に行います。

手順11
もらう側の名前などを記入します。

手順12
贈与する側の名前などを記入します。

手順13
全てにチェックします。添付書類も用意しましょう。

解説

相続時精算課税制度の注意点

相続時精算課税制度を適用して贈与税申告をする場合、2,500万円までの贈与であれば、贈与税はゼロ円となります。また2,500万円を超える場合でも、超えた分は一律20％の贈与税となります。将来の相続発生時に、相続財産に加算して、支払った贈与税を控除することになります。

相続時精算課税選択届出書

（平成21年分以降用）

平成 26 年 2 月 20 日

武蔵府中 税務署長 殿

受贈者
- 住所又は居所：〒×××-×××× 電話（ ×× － ×××× － ×××× ）東京都調布市□□1丁目△△
- フリガナ：タナカサチコ
- 氏名（生年月日）：田中幸子 ㊞ （大・昭・平 48 年 2 月 20 日）
- 特定贈与者との続柄：長女

私は、下記の特定贈与者から平成 26 年中に贈与を受けた財産については、相続税法第21条の9第1項の規定の適用を受けることとしましたので、下記の書類を添えて届け出ます。

記

1 特定贈与者に関する事項

住所又は居所	東京都調布市○丁目 ××
フリガナ	タナカ ケンイチ
氏名	田中健一
生年月日	明・大・㊐・平 12 年 9 月 28 日

2 年の途中で特定贈与者の推定相続人となった場合

推定相続人となった理由	
推定相続人となった年月日	平成　年　月　日

3 添付書類

次の（1）〜（4）のすべての書類が必要となります。
なお、いずれの添付書類も、贈与を受けた日以後に作成されたものを提出してください。
（書類の添付がなされているか確認の上、□に✓印を記入してください。）

(1) ☑ 受贈者の戸籍の謄本又は抄本その他の書類で、次の内容を証する書類
　① 受贈者の氏名、生年月日
　② 受贈者が特定贈与者の推定相続人であること

(2) ☑ 受贈者の戸籍の附票の写しその他の書類で、受贈者が 20 歳に達した時以後の住所又は居所を証する書類（受贈者の平成 15 年 1 月 1 日以後の住所又は居所を証する書類でも差し支えありません。）

(3) ☑ 特定贈与者の住民票の写しその他の書類で、特定贈与者の氏名、生年月日を証する書類

(4) ☑ 特定贈与者の戸籍の附票の写しその他の書類で、特定贈与者が 65 歳に達した時以後の住所又は居所を証する書類（特定贈与者の平成 15 年 1 月 1 日以後の住所又は居所を証する書類でも差し支えありません。）

（注）1　租税特別措置法第 70 条の 3（特定の贈与者から住宅取得等資金の贈与を受けた場合の相続時精算課税の特例）の適用を受ける場合には「平成 15 年 1 月 1 日以後の住所又は居所を証する書類」となります。
　　　2　(3)の書類として特定贈与者の住民票の写しを添付する場合で、特定贈与者が 65 歳に達した時以後（租税特別措置法第 70 条の 3 の適用を受ける場合を除きます。）又は平成 15 年 1 月 1 日以後、特定贈与者の住所に変更がないときは、(4)の書類の添付を要しません。

（注）この届出書の提出により、特定贈与者からの贈与については、特定贈与者に相続が開始するまで相続時精算課税の適用が継続されるとともに、その贈与を受けた財産の価額は、相続税の課税価格に加算されます（**この届出書による相続時精算課税の選択は撤回することができません。**）。

作成税理士		㊞	電話番号	

※印欄には記入しないでください。

（注）平成27年分贈与税の申告書の書式は上記と異なる場合があります。

出典：国税庁ホームページ（https://www.nta.go.jp/tetsuzuki/shinkoku/zoyo/tebiki2014/pdf/00.pdf）の「平成 26 年分贈与税の申告のしかた」を加工して作成

05 教育資金非課税申告書の書き方

計算は難しくないので金融機関と相談しながら記入しよう。

手順1
贈与を受ける側の氏名などを記入する。

手順2
親（法定代理人）が手続きをする場合、親の氏名などを記入する。

手順3
贈与をする側の氏名などを記入する。

手順4
贈与する財産を選ぶ。

手順5
贈与する金額を記入する。

手順6
贈与契約書の日付を記入する。

手順7
現金の非課税枠は1,500万円なので、1,200万円を全額記入する。

手順8
口座を開設する金融機関の名称などを記入する。

モデルケース
贈与した人：吉田正さん（祖父）
贈与した人の住所：東京都新宿区四谷三丁目△番〇号
もらった人：吉田愛子さん（孫）
もらった人の親権者：吉田太さん（父）
もらった人と親権者の住所：東京都新宿区舟町△
贈与の概要：1,200万円を教育資金として贈与

解説
お金を預ける日までに税務署へ提出しよう
金融機関が取扱をしている信託商品を利用する際、基本的な書類や手続きは全て金融機関と相談しながら進めていくことができるため安心です。左ページの「教育資金非課税申告書」に必要事項を記入の上で、信託がされる日、預金若しくは貯金の預入をする日又は有価証券を購入する日までに税務署へ提出します。

別表第十一(一)

教育資金非課税申告書

税務署長殿　　　　　　　　　　　　　　　　　　　　平成 26 年 6 月 1 日

受贈者
- ふりがな　氏名：ヨシダアイコ　吉田愛子 ㊞
- 住所又は居所：東京都新宿区舟町△
- 生年月日（年齢）：昭㊩ 20.5.1　（ 6 歳）

受贈者の代理人
- ふりがな　氏名：ヨシダフトシ　吉田太 ㊞
- 住所又は居所：東京都新宿区舟町△

下記の信託受益権、金銭又は金銭等について租税特別措置法第70条の2の2第1項の規定の適用を受けたいので、この旨申告します。

贈与者	贈与者から取得をしたもの			左のうち非課税の適用を受ける信託受益権、金銭又は金銭等の価額
	信託受益権、金銭又は金銭等の別	信託受益権、金銭又は金銭等の価額	金銭又は金銭等の取得年月日	
ふりがな　ヨシダタダシ 氏名　吉田正 住所又は居所　東京都新宿区四谷三丁目△番○号 続柄　祖父	信託受益権 ㊞金銭 金銭等	1,200万円	平成26年6月1日	1,200万円
ふりがな 氏名 住所又は居所 続柄	信託受益権 金銭 金銭等			

取扱金融機関の営業所等	名称	××銀行○○支店
	所在地	東京都新宿区四谷二丁目×番■号

既に教育資金非課税申告書又は追加教育資金非課税申告書を提出したことがある場合	非課税拠出額	取扱金融機関の営業所等		提出先の税務署
		名称	所在地	税務署

（摘要）

取扱金融機関の営業所等の受理年月日

（用紙　日本工業規格　A4）

(注)平成27年分贈与税の申告書の書式は上記と異なる場合があります

必要な添付書類
1 信託または贈与に関する契約書など信託または贈与の事実、年月日を証する書類の写し
2 受贈者の戸籍の謄本または抄本や住民票の写しなどで受贈者の氏名、生年月日、住所または居所、贈与者との続柄を証する書類

出典：国税庁ホームページ（https://www.nta.go.jp/tetsuzuki/shinkoku/zoyo/tebiki2014/pdf/00.pdf）の「平成26年分贈与税の申告のしかた」を加工して作成

06 贈与税の配偶者控除の特例（おしどり贈与）を適用する場合の申告書の書き方

夫婦間で贈与した財産を明記しよう。

手順1 贈与者の情報、贈与した財産の種類、贈与した日付、金額を記入します。

手順2 贈与した財産を合計した額を記入します。

手順3 2000万円を控除します。

手順4 贈与税の基礎控除である1,100,000円を控除します。

手順5 ①－②－③の額を記入します。

手順6 贈与額を計算します。

手順7 通常、手順6で計算した額をそのまま記入します。

手順8 通常、手順6で計算した額をそのまま記入します。

モデルケース

贈与した人：安藤良一さん（夫）昭和17年3月24日生まれ
もらった人：安藤和子さん（妻）昭和20年11月29日生まれの専業主婦
贈与した人ともらった人の住所：大阪府堺市〇〇1丁目△番×号
贈与の概要：婚姻期間が20年以上あり、自宅の土地の半分について妻が夫から贈与を受けた

解説

おしどり贈与と贈与税

贈与税の配偶者控除の特例（おしどり贈与）を適用して、贈与税申告を行う際の計算はさほど難しくありません。本例のように、夫婦間で贈与した財産を明記し、2110万円以内であれば、贈与税はかかりません。

贈与税の速算表（平成26年12月31日までの場合）

区分	200万円以下	300万円以下	400万円以下	600万円以下	1,000万円以下	1,000万円超
税率	10%	15%	20%	30%	40%	50%
控除額	－	10万円	25万円	65万円	125万円	225万円

（注）平成27年1月1日以降の場合はP151の表を参照

出典：国税庁ホームページ（https://www.nta.go.jp/tetsuzuki/shinkoku/zoyo/tebiki2014/pdf/00.pdf）の「平成26年分贈与税の申告のしかた」を加工して作成

第6章
遺言書などの各種書類を書いてみよう

01 遺言書は決められた形式に沿って正確に書こう

遺言とは

遺言とは、亡くなった人の財産をめぐって遺族同士でトラブルが起こることを防ぐため、生前に財産の分配について意思表示することをいいます。**遺言を記した遺言書があれば、法定相続分にかかわらず、遺言書に記されたとおりに遺産を分割することになります。**ただし、遺産分割協議で遺言とは異なる分割方法を定め、相続人全員が合意した場合は、**遺産分割協議**の内容に従うことになります。

遺言は15歳以上で意思能力があれば誰でもすることができます。しかし、遺言によって意思表示することは、民法に定められた法律行為であり、遺言書の形式や書き方は厳格に定められています。

この定めに適合しない遺言書は無効となり、せっかくの意思表示が法的根拠のない普通の手紙になってしまいます。遺族が円滑に相続できるように、正しい遺言書を作成しなければなりません。自筆証書遺言書の記入例についてはP191で詳しく紹介していますので、参考にしてください。

遺産分割協議 詳細はP192参照

186

遺言書の種類

遺言書には3つの種類があります。以下では、遺言書を書く人のことを遺言者といいます。

① 自筆証書遺言

遺言者が遺言の全文、日付と氏名を自筆で記載し、押印することで成立します。**自分一人だけで書くことができる**一方、**法律で定められた形式を十分に理解しないで記載すると、形式不備で遺言書が無効になる可能性があります**。さらに、遺言書を書いたことを誰かに伝えておかないと、死後に遺言書を見つけ出してもらえない恐れもあります。

> **自筆証書遺言をする際の注意点**
> 1文字でもパソコンで作成してしまうと無効になります。

② 公正証書遺言

遺言者が口述した遺言内容を公証人が筆記する方式の遺言です。**原本は公証役場で保管されるので、紛失や改変の心配はありません**。また、公証人が法律に従って作成するため、**形式の不備で無効になることはありません**。しかし、公証人以外に証人が2名必要で、他人に遺言の内容が知られてしまうことに留意する必要があります。

> **公正証書遺言をする際の注意点**
> 財産額によって手数料が異なるため事前確認が必要です。

③ 秘密証書遺言

内容は秘密にしたまま、遺言の存在を証明してもらう形式の遺言書です。まず、遺言者が

> **秘密証書遺言をする際の注意点**
> 公証人は遺言書の形式が正しいかまではチェックしてくれません。

6-1-1 遺言書形式の比較表

	自筆証書遺言	公正証書遺言	秘密証書遺言
記載方法	すべて自書しなければならない（ワープロ・パソコンによる作成、代筆は不可）	公証人が筆記する（自分で書く必要はない）	必ずしも自書である必要はない（ワープロ・パソコンによる作成でも可）
形式	形式不備で無効になる可能性がある	公証人が筆記するので、形式不備で無効になることはない	形式不備で無効になる可能性がある
秘密保持	自分一人で完結するため、遺言の存在と内容を秘密にすることができる	公証人と証人には遺言の内容を知られる	遺言の内容は秘密にできるが、公証人と証人には遺言の存在を知られる
偽造・改ざん	偽造・改ざんの恐れがある	原本を公証役場で保管するので、偽造・改ざんの恐れはない	偽造・改ざんの恐れはない

このほか「危急時遺言」や「隔絶地遺言」がありますが、特殊なケースなので本書では割愛します。

作成した遺言書に署名・押印して封入します。

次に、遺言者は、その封書を公証人および2人以上の証人の面前に提出して自己の遺言書であることを申し述べます。公証人はそれを公証することで遺言が成立します。

秘密証書遺言は公証役場では保管しないので、自分で保管する必要があります。また、遺言書の形式不備で無効になる可能性は自筆証書遺言の場合と同じです。

近年の「終活」ブームで、さまざまな種類のエンディングノートが市販されています。気軽に書くことができるという利点がありますが、**遺言としての法的効力はありません**。

エンディングノートと遺言は上手に使い分けるとよいでしょう。

自筆証書遺言の書き方

自筆証書遺言は、自分一人だけでいつでも書くことができます。公証人を立てて公証役場に出向く必要はありませんし、費用もかかりません。公正証書遺言のように証人を立てて公証役場に出向く必要はありませんし、費用もかかりません。最も確実なのは公正証書遺言ですが、手軽に意思表示ができる点で、まずは自筆証書遺言を書くことをおすすめします。本書では自筆証書遺言の書き方を紹介します。

自筆証書遺言は、先に述べたとおり、すべて自筆で書かなければならないので、一部でもワープロやパソコンを使うと無効になります。用紙は耐久性のあるもので、筆記用具は万年筆やボールペンなど消えないものを使用します。訂正するときは、二重線で抹消して押印します。

遺産分割の内容については、必ず全部の財産について書いてください。一部の財産について遺言した場合、結局残りの財産について遺族で話し合うことになり、遺言を書いた意味がなくなってしまいます。また、一つの財産を複数の相続人に分割するときは、その割合を書くことを忘れないようにしましょう。割合の定めがない遺言書が、争いのもとになることもあります。

遺言執行者を決めるメリット

できれば遺言を実行する遺言執行者を定めておくとよいでしょう。遺産の名義変更には相

6-1-2 遺言執行者を決めておくと手続きがスムーズになる

続人全員の戸籍謄本、印鑑証明、住民票などが必要になりますが、遺言執行者がいれば、相続人に代わって手続きをすることができ、事務手続きが楽に進められます。相続人のうちの1人、もしくは弁護士などの専門家も指定できます。

最後に付言として、遺族への感謝の言葉やメッセージを残しておくと効果的です。なぜこのような内容の遺言にしたかという理由や思いを書いておくと、遺族も遺言に納得して、争う可能性が低くなるものです。

また、これも注意してもらいたいことですが、自筆証書遺言を作成する際には、財産の内容を相続後に特定（所在地番、銀行口座等）できるような記載をしましょう。

6-1-3 自筆証書遺言の例

遺言書

1. 遺言者は、遺言者が保有する次の不動産を妻である相続和子に相続させる。

   土地　所　在　東京都目黒区○○3丁目2番1号
   　　　地　番　2番1号
   　　　地　目　宅地
   　　　地　積　200.00㎡

   家屋　所　在　東京都目黒区○○3丁目2番1号
   　　　家屋番号　1番
   　　　種　類　居宅
   　　　構　造　木造セメント瓦葺2階建
   　　　床面積　1階　75.00㎡
   　　　　　　　2階　50.00㎡

2. 遺言者は、次の金融機関等における遺言者名義の預貯金並びに有価証券を、妻である相続和子に2分の1、長男である相続健一に4分の1、長女である分割良美に4分の1の割合で相続させる。
   (1) ○×銀行本店
   (2) ×○証券本店

3. 遺言者は、本遺言の実現のために、遺言執行者として長男である相続健一を指定する。

   付言事項
   家族みんなのおかげで、私は幸せな人生を送ることができました。お母さんには私の分まで長生きして欲しいですし、健一と和子は働き盛りですから、このような遺産配分の遺言を書きました。遺産の配分が少し不公平に思うかもしれませんが、どうか私の心情を理解して、親子3人仲良く相続してくれればと思います。

   　　　　　　　　　　　　　　　　　　　平成26年12月12日

   　　　　　　　　　　　　　　　　東京都目黒区○○3丁目2番1号

   　　　　　　　　　　　　　　　　　　　相　続　一　郎　押印

吹き出し:
- 自筆証書遺言は、以下の内容をすべて自筆で書きます。縦書き、横書きどちらでも構いません
- 不動産は土地と建物に分けて、登記のとおりに書きます
- 遺言書を書いてから引き出すことも考えられるので、細かく書かずに、金融機関名（支店名）までにとどめておくのがよいでしょう
- 日付は必ず正確に書きましょう。「○年○月」や「○年○月吉日」は無効になります
- 押印は実印でも認印でもOKです

間違えない遺産分割協議書の書き方

02

遺産分割協議は相続人全員の参加と合意が必須

亡くなった人が遺言書を残していなかった場合、遺産は遺族どうしの話し合いによって分配します。その話し合いを遺産分割協議といいます。遺産分割協議には相続人の全員が参加して、かつ内容に合意する必要があります。

テレビドラマや映画で、相続人をはじめとした親族全員が喪服姿で一堂に会して協議する場面をみたことがある人も多いと思いますが、お葬式の日に行う必要はありません。**四十九日法要が終わって、落ち着いたころに話し合いを始めるのが一般的です。遠隔地に住んでいる相続人がいる場合は、電話やメールなどで連絡を取り合って協議を進めることもあります。**

大変なのが、亡くなった人に婚外子(いわゆる隠し子)がいて、他の親族は婚外子がいることを知らなかった場合です。

先にも述べたとおり、遺産分割協議には相続人の全員が参加する必要があるので、婚外子を含めないで進めた遺産分割協議は無効になってしまいます。このような事態を避けるためには、相続が始まったときに、亡くなった人の**戸籍を取り寄せて相続人を再確認する必要が**

遺産分割協議書作成の注意点
相続税が発生する場合、申告期限の10カ月以内に遺産分割がまとまらないと、特例が使えなくなる等、相続税負担が増加する可能性があります。

戸籍の取り寄せ方
故人の出生から死亡までの連続戸籍を取得す

192

遺産分割協議書の書き方

遺産分割協議が終われば、その内容を書面に残すことが重要になります。その書面を遺産分割協議書といいます。後日の紛争を避けるためだけでなく、財産の名義変更のときに提出を求められることがあるので、必ず作成するようにしましょう。

遺産分割協議書については、遺言書のように厳格な書式はありません。しかし、協議の内容を記録する点で、次の内容を記しておくとよいでしょう。

① 誰がどの財産を取得するか
② 相続人全員の記名もしくは署名・押印
（不動産の名義変更が必要な場合は、印鑑登録をした実印を押印する）
③ 複数枚あるときはそれぞれ契印する。

遺産分割協議が終わった後に新たに遺産が見つかる可能性もあります。

そのため、新たに遺産が見つかったときの対応についても、明らかにしておくとよいでしょう。

あるのです。

ることが必要ですが、遠隔地でも「郵送」による資料の取得が可能です。最終地の本籍地から遡りながら取得していきます。

遺産分割協議がもつれた場合の対処法

あまり考えたくないことですが、遺族の間の協議がもつれて遺産分割が定まらないことも起こりえます。そのような場合は、家庭裁判所の調停・審判によって遺産分割を行います。

① 調停による分割

遺産分割について、話し合いでは解決する見込みがない場合は、家庭裁判所に調停を申し立てることになります。調停とは、家庭裁判所で裁判官と**調停委員**2名が当事者に加わり、話し合いによって遺産分割を成立させるものです。成立すると、遺産分割協議書に代わって調停調書が作成されます。

② 審判による分割

調停によっても分割できない場合は、家庭裁判所の審判によって遺産が分割されます。審判ではほとんどの場合、法定相続分で分割することになるといわれています。審判が確定すると審判書が作成されます。

調停委員
弁護士、医師、大学教授などの専門家や地域社会で昔から幅広い活動をしてきた人などから、裁判所が選んで任命する。

遺産分割協議書作成のよくある勘違い
遺産分割協議というと全員が一同に集まるイメージがありますが、郵送で回覧する形でも作成が可能です。

6-2-1 遺産分割協議書の書きかたの一例

> 遺産分割協議の内容を記載します。形式の指定は特にありませんが、資産の内容は誤りのないように記載しましょう

遺産分割協議書

　平成27年5月20日、東京都目黒区○○3丁目2番1号の相続一郎の死亡により開始した相続に関して、共同相続人、相続和子、相続健一、分割良美は、その相続について、下記のとおり遺産分割の協議を行い成立した。

記

1. 相続財産中、次の不動産は相続和子の所有とする。

　土　地　所　在　　東京都目黒区○○3丁目2番1号
　　　　　地　番　　2番1号
　　　　　地　目　　宅地
　　　　　地　積　　200.00㎡

　家　屋　所　在　　東京都目黒区○○3丁目2番1号
　　　　　家屋番号　1番
　　　　　種　類　　居宅
　　　　　構　造　　木造セメント瓦葺2階建
　　　　　床面積　　1階　75.00㎡
　　　　　　　　　　2階　50.00㎡

> 不動産は土地と建物に分けて、登記のとおりに書きます

> 資産が特定できるように正確に記載します

2. 相続財産中、次の銀行預金は相続健一の所有とする。
　○×銀行本店
　普通預金　口座番号 1234567
　口座名義　相続一郎

3. 相続財産中、次の証券口座にある有価証券は分割良美の所有とする。
　×○証券本店
　口座番号 2345678
　口座名義　相続一郎

4. 本協議書に記載のない遺産及び後日判明した遺産については相続和子の所有とする。

> 新たに遺産が見つかった場合に備えて、このような定めをしておくとよいでしょう

　この協議を証するため、本協議書を三通作成し、署名押印のうえ、共同相続人が各々これを所持する。

平成27年5月20日

　住　所　　東京都目黒区○○3丁目2番1号
　氏　名　　相　続　和　子　　押印

　住　所　　東京都目黒区○○3丁目2番1号
　氏　名　　相続健一　　　　　押印

　住　所　　東京都渋谷区××6丁目5番4号
　氏　名　　分割良美　　　　　押印

> 相続人の人数だけ作成し、各相続人が所持するのが一般的です

> 印鑑登録をした実印を押す必要があります

03 不動産登記などの名義変更チェックリスト

早めに行動して書類を揃えよう

相続にかかわる名義変更は、人生で何度も経験することではありません。手続きに戸惑うのも当然のことでしょう。本書では、不動産と銀行預金について、名義変更に必要な書類等のチェックリスト（P197の図表6-3-1）を紹介しますので、参考にしてください。

相続の内容に誤りがないか確認するため、数多くの書類の提出が求められます。**本籍地と現住所が離れている場合などは、書類の準備に時間がかかることがあるので、速やかに手配しましょう。**

また、相続人が印鑑登録をしていない場合は、印鑑登録をしなければなりません。印鑑登録ができる印鑑には一定の要件があるので、**要件に合った印鑑**を新たに作らなければならないこともあります。

銀行預金の場合は、金融機関によって必要な書類が異なることがあります。事前に窓口で確認することをおすすめします。

印鑑登録の要件
新たに作成する際は印鑑作成会社に問い合わせれば問題ありませんが、既に持っている印鑑を登録する場合は事前に市町村の役所に問い合わせをしましょう。

6-3-1 不動産登記などの名義変更チェックリスト

●不動産登記の名義変更に必要な書類等のチェックリスト

必要な書類等	法定相続 チェック	分割協議 チェック	遺言 チェック	備考
不動産登記申請書	☐	☐	☐	
被相続人の生まれてから亡くなるまでの戸籍謄本または除籍謄本	☐	☐	☐	相続関係説明図を提出すると、登記の調査が終了した後に戸籍謄本または除籍謄本は返還されます。
相続人の戸籍謄本（抄本）	☐	☐	☐	除籍謄本等と重複するものは、提出する必要はありません。
相続関係説明図	☐	☐	☐	必要に応じて提出します。相続関係説明図は、いわば家系図のようなもので、亡くなった人と相続人の関係を図示したものです。
遺言書	－	－	☐	原本が必要な場合は、謄本を提出します。自筆証書遺言、秘密証書遺言の場合は家庭裁判所による検認済証明書を添付します。
遺産分割協議書	－	☐	－	遺産分割協議には相続人全員が参加して合意していることが必要です。
相続人全員の印鑑証明書	－	☐	－	遺産分割協議書に添付します。
不動産を取得する相続人全員の住民票	☐	☐	☐	不動産登記申請書に住民票コードを記載した場合は不要です。
委任状	☐	☐	☐	専門家に申請を依頼する場合に必要です。
固定資産評価証明書	☐	☐	☐	課税価格の計算に必要になります。市区町村役場（東京23区は都税事務所）で取得できます。
登録免許税	☐	☐	☐	相続の場合は、固定資産税評価額の1,000分の4の額です。

●銀行預金の名義変更に必要な書類等のチェックリスト

必要な書類等	チェック
被相続人の生まれてから亡くなるまでの戸籍謄本	☐
相続人全員の現在の戸籍謄本	☐
相続人全員の印鑑証明書	☐
預金通帳や預金証書、キャッシュカード	☐
【遺言がある場合】遺言書 自筆証書遺言、秘密証書遺言の場合は家庭裁判所による検認済証明書も必要です。	☐
【遺産分割協議を行った場合】遺産分割協議書（不要の場合もあります） 遺産分割協議には相続人全員が参加して合意していることが必要です。	☐

これら以外に、金融機関所定の書類（預金名義書き換え依頼書、相続関係届け出書など）に相続人全員の記名押印（印鑑登録済みの実印）が求められることがあります。金融機関によって必要な書類が異なることがあります。事前に取引金融機関に確認することをおすすめします。
（注）チェック欄の灰色の部分は、必要に応じて用意する書類です。

04 不動産登記の名義変更の方法

名義変更をしなくても罰せられないが後々面倒なことに

不動産の名義変更は法務局で手続きをします。特に期限はないので、放っておいても罰せられることはありません。しかし、名義変更をしなければ、相続が子どもから孫に代替わりしたときに協議するべき相続人の数が増えて、非常に面倒なことになります。また、相続した不動産を売却するときには、相続人の名義に変更されている必要があります。そのため、遺産分割が決まれば、直ちに名義変更をしましょう。

不動産の名義変更をするには、「所有権移転登記申請書」に必要事項を記載して、必要書類を添付して法務局に提出します。所有権移転登記申請書の例はP199の図表6-4-1のとおりで、必要書類はP197の図表6-3-1のとおりです。登録免許税として、固定資産税評価額の1000分の4の金額が必要になります。

法務局というと、普段はほとんど縁がないので中に入るのも緊張するものですが、職員に聞けば書類の書き方や必要な書類などを教えてもらうことができます。また、司法書士に手続きを依頼するのも一つの方法です。その場合は**委任状**が必要になります。

登録免許税の計算でよくある勘違い
登録免許税について、相続の際には優遇税率の1000分の4となっていますので、売買の時の率を使用しないよう注意が必要です。

委任状
それほど複雑ではないので、依頼する司法書士に聞いて作成しましょう。

198

6-4-1 遺産分割による所有権移転登記申請書の例

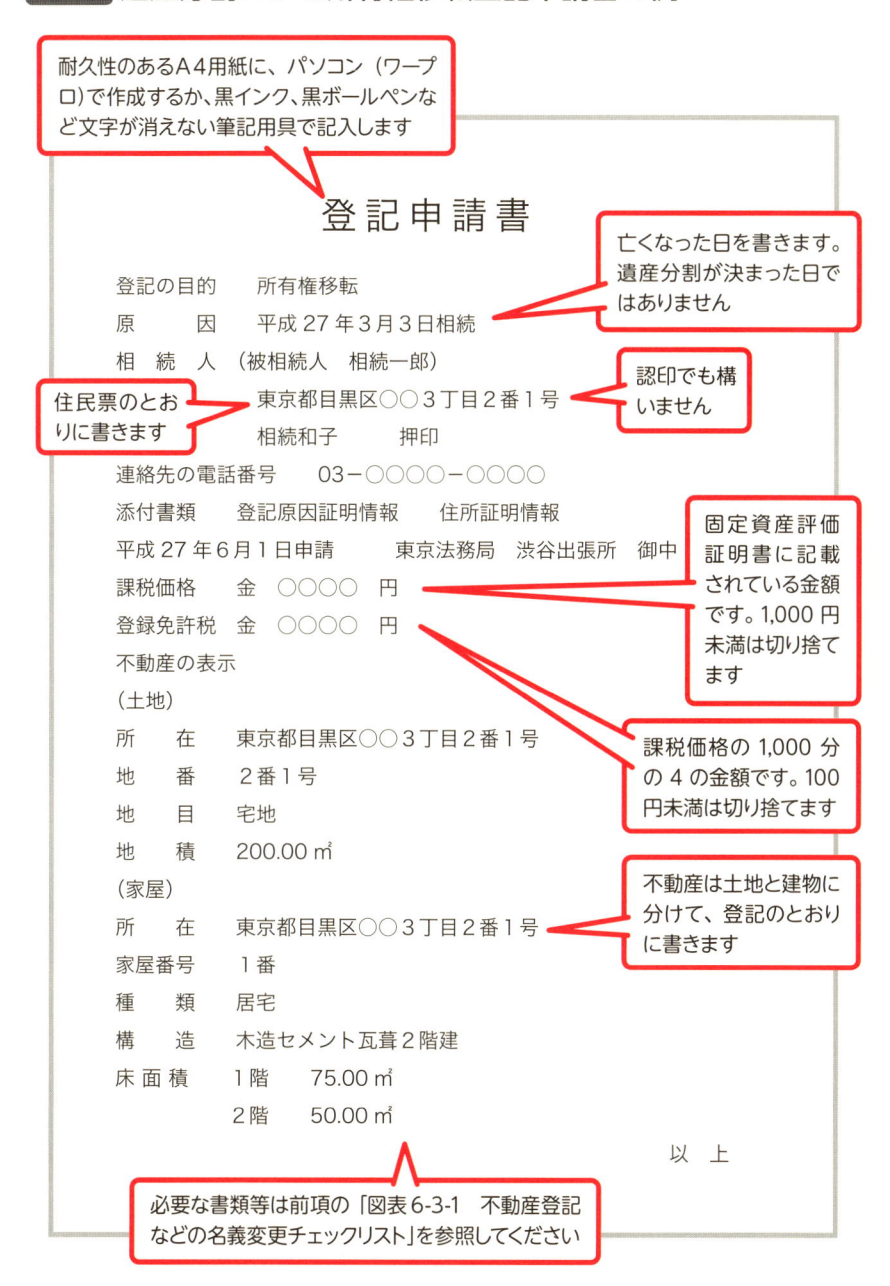

> 耐久性のあるA4用紙に、パソコン（ワープロ）で作成するか、黒インク、黒ボールペンなど文字が消えない筆記用具で記入します

登記申請書

登記の目的　　所有権移転
原　　因　　平成27年3月3日相続

> 亡くなった日を書きます。遺産分割が決まった日ではありません

相　続　人　（被相続人　相続一郎）
　　　　　　東京都目黒区○○3丁目2番1号
　　　　　　相続和子　　　押印
連絡先の電話番号　03-○○○○-○○○○

> 住民票のとおりに書きます

> 認印でも構いません

添付書類　　登記原因証明情報　　住所証明情報
平成27年6月1日申請　　東京法務局　渋谷出張所　御中
課税価格　　金　○○○○　円
登録免許税　金　○○○○　円

> 固定資産評価証明書に記載されている金額です。1,000円未満は切り捨てます

> 課税価格の1,000分の4の金額です。100円未満は切り捨てます

不動産の表示
（土地）
所　　在　　東京都目黒区○○3丁目2番1号
地　　番　　2番1号
地　　目　　宅地
地　　積　　200.00㎡
（家屋）
所　　在　　東京都目黒区○○3丁目2番1号
家屋番号　　1番
種　　類　　居宅
構　　造　　木造セメント瓦葺2階建
床　面　積　1階　　75.00㎡
　　　　　　2階　　50.00㎡

> 不動産は土地と建物に分けて、登記のとおりに書きます

以　上

> 必要な書類等は前項の「図表6-3-1　不動産登記などの名義変更チェックリスト」を参照してください

05 家族が亡くなったときにすぐにやるべき手続きリスト

いざという時の備えに

家族が亡くなると、遺族は冷静ではいられません。心が落ち着かないまま葬儀を行い、さらにあらゆる手続きをしなければならないので、体調を崩すこともあるほどです。

本書では、家族が亡くなったときにすぐにやるべき手続きをP201にリストアップしました（図表6-5-1）。代表的なケースについて紹介していますが、亡くなった人の状況によっては、これ以外にも手続きが必要な場合があります。市区町村役場の窓口では、状況を説明すると必要な手続きを教えてもらえることもあります。亡くなった人が会社などに勤めていた場合は、勤務先の担当者に問い合わせるとよいでしょう。

いざという時に備えてリストに目を通しておくと、万が一のときにも、少しは落ち着いて手続きができることでしょう。ぜひ参考にしてください。

6-5-1 亡くなってすぐにやるべき手続きリスト

チェック	項目
☐	死亡診断書の受け取り
	医師によって発行されます。死亡届の提出や生命保険金の請求に必要となります。
☐	葬儀の手配
	まずは葬祭業者に連絡しましょう。多くの場合、市区町村への届け出を代行してもらえます。
☐	死亡届の提出
	死亡を知った日から7日以内に市区町村に提出します。葬祭業者が手続きを代行することが一般的です。
☐	火葬許可証の受け取り
	死亡届が受理されると発行されます。これがないと火葬はできません。 火葬した後、火葬許可証は火葬済みの証明がされて、埋葬許可証となります。埋葬許可証は納骨のときに必要になります。
☐	遺言書の検認
	自筆証書遺言や秘密証書遺言は、家庭裁判所での検認手続が必要です。亡くなった人が残した文書が遺言であることを形式的に確認する手続きで、実質的に遺言の有効性を判断するものではありません。 検認をしないと、5万円以下の過料に処されます。
☐	生命保険金の請求
	被相続人が亡くなったことを金融機関が知った場合、不正な引出しを防ぐために預金が凍結されることがあります。葬祭費用に事欠くことも考えられるので、保険金は早めに請求して受け取るようにしましょう。 すぐに必要がなくても、原則として3年以内には請求しなければならないので、忘れないようにしましょう。

専門家によって
土地の相続税評価が異なる理由

Column

　本書では、相続税を計算する上で必要な各種財産の評価方法や控除の説明をしましたが、いかがでしたでしょうか。特に土地の評価については、難しいと感じられた人も多いと思います。土地の相続税評価は、専門家である税理士によっても評価額に違いが出ることも多くあります。

　その理由の一つとして、相続財産を評価するための指針である「財産評価基本通達」の存在があります。とても複雑なので、本書では触れていませんが、土地の相続税評価を行う際に、その土地の一部が将来、都市計画道路の予定地であるような場合には、土地の相続税評価額を減額するといった条文があります。このような細かい評価減の方法が数多くあるのです。

　では自分で評価を行うことができないかというと、そうでもありません。住宅街にある区画整理された綺麗な整形地等であれば、正確な相続税評価額を求めることが可能です。土地の相続税評価は、相続税申告を行う際には金額的にも影響が大きく、「減額のポイントを知っているかどうか」で、相続税額も変わるため、注意したいですね。場合によっては、自分で評価することに行き詰れば、相続税に強い税理士さんへ相談に行くことも選択肢の一つです。

巻末資料

相続・贈与の申告に必要な書類リスト

1. 相続税申告に必要な書類（戸籍謄本などの身分関係）

資料番号	必要資料名	内容説明	入手場所・取得方法	チェック
1-1	被相続人の出生から死亡までの連続した戸籍謄本等	相続税申告書の添付資料や、相続財産の名義変更の際に必ず必要になる（※1）	市区役所・町村役場（※2）	
1-2	被相続人の住民票の除票	死亡したときに死亡時の住所地で作成されるもの（本籍地の記載があるもの）	市区役所・町村役場	
1-3	被相続人の戸籍の附票	住所の移り変わりを確かめることのできる書類。相続時精算課税制度適用者がいる場合や、老人ホーム入所で小規模適用受ける場合に必要	市区役所・町村役場	
1-4	相続人全員の戸籍謄本		市区役所・町村役場	
1-5	相続人全員の住民票	本籍地の記載があるものが必要となる	市区役所・町村役場	
1-6	相続人の戸籍の附票	家なき子特例適用や、相続時精算課税制度適用者がいる場合に必要	市区役所・町村役場	
1-7	相続人全員の印鑑証明書	遺産分割協議書への添付書類	市区役所・町村役場	

※1
- 転籍や婚姻などをしている場合、転籍前や婚姻前の本籍地所在地の市区町村で、除籍謄本や改正原戸籍を取得しなければなりません。
- 現在の戸籍謄本がコンピューター化されている場合、コンピューター化前の改正原戸籍も取得しなければなりません
- 転籍を多く繰り返していると、相続手続きの際に必要な除籍謄本は多くなるため注意が必要です

※2
- 被相続人の本籍地で申請する必要があります。
- 本籍地を管轄する役所に出生から死亡までの戸籍を請求すると該当するものを出してもらえます。但し、出生から死亡まで同じ市区町村に本籍地があればすべて取得できますが、他の市区町村から転籍されてきた場合などは当該役所ではその時点までの戸籍しか取得できませんので、それ以前のものは転籍元の役所に請求しなければなりません。
- 同じ戸籍に記載されている方、配偶者、直系尊属（親）、直系卑属（子供）が請求する場合には市町村所定の用紙に記入するだけで請求できます。上記以外の方が請求する際には、委任状が必要となります。

2. 土地関係（相続財産に当該資産がある場合に必要）

資料番号	必要資料名	内容説明	入手場所・取得方法	チェック
2-1	登記簿謄本（全部事項証明書）	土地の所在や地目などが記載されている	不動産の所在地を管轄する法務局（登記所）。誰でも取得可	
2-2	地積測量図及び公図の写し	地積測量図：その土地の形状、地積（面積）と求積方法などが記されたもの（※1） 公図：土地の大まかな位置や形状を知るための参考資料	不動産の所在地を管轄する法務局（登記所）。誰でも取得可	
2-3	固定資産税評価証明書	相続や売買、贈与、財産分与等で不動産の名義を変える登記を申請する際は、添付書類として必ず必要になる	各都税事務所・各市町村役場（交付に必要な資料は※2参照）	
2-4	住宅地図	ゼンリン地図が有名です	法務局・規模の大きな図書館 ⇒以下のインターネットサイトで取得することも可能 http://www.zenrin.co.jp/j-print/service.html	
2-5	名寄帳（固定資産課税台帳）	ある人が持っている不動産の一覧表	各都税事務所・各市町村役場（※3）	
2-6	賃貸借契約書	貸地・借地がある場合に必要		
2-7	農業委員会の証明書	他人の農地を小作している場合に必要	各地域の農業委員会	

※1 ・地積測量図が無いこともありますので、その場合は必要ありません
※2 ・固定資産税の納税通知書（土地を所有していると毎年4月頃に送られてくる）
　　・「所有者の相続人」が請求する場合は、所有者の相続人であることが分かる書類（所有者が亡くなったことが分かる戸籍謄本及び相続人の戸籍謄本）と、相続人自身の身分証明書（運転免許証、健康保険証等）
※3 ・固定資産税評価証明書を取得する際に、同時に取得しましょう
　　・いくつもの市区町村に不動産を所有している場合には、その市区町村ごとに取得してください
　　・共有の不動産は、個人のものとは、別の名寄帳になりますので、注意して取得してください
　　・資産を全て把握していれば、年に1度市区町村より送付される"固定資産税・都市計画税課税明細"で代用することも可能

3. 建物関係（相続財産に当該資産がある場合に必要）

資料番号	必要資料名	内容説明	入手場所・取得方法	チェック
3-1	登記簿謄本（全部事項証明書）	2-1と同様	2-1と同様	
3-2	固定資産税評価証明書	2-3と同様	2-3と同様	
3-3	売買契約書、間取り図など	家屋を購入した際の書類（2世帯住宅や1室を賃貸している場合等に必要）	―	
3-4	名寄帳（固定資産課税台帳）	2-5と同様	2-5と同様	
3-5	賃貸借契約書	貸家がある場合に必要	―	

4. 上場株式関係（相続財産に当該資産がある場合に必要）

資料番号	必要資料名	内容説明	入手場所・取得方法	チェック
4-1	証券会社の預かり証明書（残高証明書）	証券会社が顧客から預かっている残高（証券と金銭）を記載した証明書	契約している証券会社（※1）	
4-2	登録証明書（残高証明書）	端株、単元未満株式の有無などの確認に必要。保有している銘柄の会社ごとに名簿管理人が異なる	上場株式の名簿管理人（※2）	
4-3	配当金の支払い通知書	相続開始後に受け取る配当に関する書類	株を保有していると定期的に送付されます	
4-4	被相続人の最近5年間の取引明細	顧客口座元帳や顧客勘定元帳と呼んだりもする	契約している証券会社	

※1
- 必ず「被相続人の死亡日現在」の預り証明書を取得してください
- 相続税評価額算出に使用するため、「相続開始日及び相続開始日を含む過去3か月分の各月の平均終値単価が分かる情報」を残高証明書に記載してもらうよう依頼してください

※2
- 必ず「被相続人の死亡日現在」の残高証明書を取得してください

5. 非上場株式や投資信託などその他金融商品関係
（相続財産に当該資産がある場合に必要）

資料番号	必要資料名	内容説明	入手場所・取得方法	チェック
5-1	過去3期分の決算書（勘定内訳書等の添付書類を含む）、税務申告書（法人税、地方税、消費税等）の写し	遺産に非上場株式がある場合に必要	税理士に要相談	
5-2	残高証明書	投資信託、公債・社債、外貨預金やその他ファンドなどの金融商品に関する書類	契約している金融機関（※1）	
5-3	投資信託についての信託財産留保額及び個別元本額	信託財産留保額とは、投資信託を解約するときに支払わなければいけない違約金のこと。相続開始日現在の個別元本額を調べる	契約している金融機関（※2）	

※1
- 必ず「被相続人の死亡日現在の解約価額」の残高証明書を取得してください。基準価額ではなく解約価額です

※2
- 投資信託については、「（相続開始日の基準価額）－（課税時期において解約請求等した場合に源泉徴収されるべき所得税相当額）－（信託財産留保額及び解約手数料）」で評価します

6. 現金預金関係（全ての人が必ず必要となる）

資料番号	必要資料名	内容説明	入手場所・取得方法	チェック
6-1	預金残高証明書	金融機関が顧客から預かっている預金やローンの残高などを証明する書類	取引のある金融機関（※1）	
6-2	既経過利息計算書	定期預金の利息計算書。6-1に記載がある場合は不要	取引のある金融機関	
6-3	過去5年分の通帳・定期預金の証書	過去に相続人への預金の移動があった場合は、相続人の通帳も用意する。特に配偶者の通帳は極力用意した方がよい	取引のある金融機関（※2）	
6-4	手元現金	相続開始日に手元にある現金を把握する	—	

※1
- 必ず「被相続人の死亡日現在の解約価額（経過利息込み）」の残高証明書を取得してください
- 通帳がある口座に限らず、銀行ならば「取引支店の全口座」、ゆうちょ銀行ならば「全支店の全口座」の残高証明書が必要

※2
- 不足部分がある場合には、金融機関で不足箇所の取引明細（入出金明細）の請求が必要になる可能性がある

7. 生命保険関係（相続財産に当該資産がある場合に必要）

資料番号	必要資料名	内容説明	入手場所・取得方法	チェック
7-1	生命保険金支払い通知書	—	契約している生命保険会社	
7-2	生命保険証書のコピー	—	手元にあるものを用意	
7-3	火災保険などの保険証書コピー	—	手元にあるものを用意	
7-4	解約返戻金が分かる資料	保険金の支払いがあったもの以外の保険については、相続開始日時点での解約返戻金額で評価	契約している生命保険会社	

8. その他の資産（相続財産に当該資産がある場合に必要）

資料番号	必要資料名	内容説明	入手場所・取得方法	チェック
8-1	車検証のコピー	自動車を相続する際に必要	手元になければ陸運局などに問い合わせる	
8-2	支払通知書（源泉徴収票）	退職金を相続する際に必要	手元になければ勤務先へ問い合わせる	
8-3	電話番号と所在場所の分かる資料	電話加入権を相続する際に必要	手元になければNTTの加入権センターへ問い合わせ	
8-4	預託金証書又は証券のコピー	ゴルフ会員権・リゾート会員権を相続する場合に必要	手元になければ各施設に問い合わせる	
8-5	金銭消費貸借契約書及び残高のわかるもののコピー	貸付け金・前払い金などがある場合に必要	手元にあるものを用意	
8-6	骨董品などの内容が分かる資料	貴金属・書画・骨董などを相続する場合に必要	手元にあるものを用意	
8-7	契約書や支払予定の分かる証憑（取引の成立を立証する書類）	未収となっている給与、地代、家賃、公租公課（※1）を相続する場合に必要	手元にあるものや、各行政官庁で入手	
8-8	価値を証明できるような資料	その他金銭的価値があるものを相続する場合に必要	—	

※1 公租公課は、所得税、国民健康保険料、介護保険料、後期高齢者医療保険料等の還付金が該当

9. 過去3年以内に贈与をしている場合に必要

資料番号	必要資料名	内容説明	入手場所・取得方法	チェック
9-1	贈与税申告書	—	過去3年分の贈与税申告書を用意	
9-2	贈与契約書	—	贈与を実施した際に作成した贈与契約書	

10. 相続時精算課税制度の適用を受けている場合に必要

資料番号	必要資料名	内容説明	入手場所・取得方法	チェック
10-1	相続時精算課税制度選択届出書	—	選択の届出を行った際の手元にある届出書	
10-2	贈与税申告書	—	選択時以降の手元にある贈与税申告書	
10-3	贈与契約書	—	手元にある贈与契約書	

11. 特例贈与の適用を受けている場合に必要

資料番号	必要資料名	内容説明	入手場所・取得方法	チェック
11-1	贈与契約書	住宅取得等資金の贈与をしている場合	贈与を実施した年分の贈与税申告書	
11-2	贈与税申告書	教育資金の一括贈与をしている場合	金融機関発行の「教育資金非課税申告書」を用意	
11-3	非課税申告書	結婚子育て資金の一括贈与をしている場合	金融機関発行の「結婚子育て資金非課税申告書」を用意	

12. 債務・葬式費用関係

資料番号	必要資料名	内容説明	入手場所・取得方法	チェック
12-1	借入残高証明書及び返済予定表	銀行などの金融機関からの借入がある場合に必要	取引のある金融機関（※1）	
12-2	金銭消費貸借契約書及び返済予定表	金融機関以外からの借入がある場合に必要	―	
12-3	住民税、固定資産税、事業税、国民年金、国民健康保険料、介護保険料等の納税通知書	相続開始前に発生した費用で本来は被相続人が払うべきもので、相続開始後に支払われたものは相続財産より債務として控除することができます。相続開始後に支払ったもの及び支払うことになるものです	手元になければ問い合わせる	
12-4	被相続人の医療費、公共料金等の請求書、領収書	同上	手元になければ問い合わせる	
12-5	葬儀関係費用（葬儀代、食事代、お布施、心付けなど）の領収書またはメモ	相続財産から控除できるものがあります	手元になければ問い合わせる	

※1 ・必ず「被相続人の死亡日現在」の残高証明書を取得してください

13. その他の関係書類

資料番号	必要資料名	内容説明	入手場所・取得方法	チェック
13-1	被相続人の過去3年分の確定申告書	既に準確定申告が済んでいる場合には、合わせて準確定申告書も用意する	手元にあるものを用意	
13-2	遺言書のコピー（※1）	遺言書があり、専門家に依頼する場合に必要となる	手元にあるものを用意	
13-3	準確定申告関連資料	準確定申告をする場合に必要となる	給与・年金の源泉徴収票や医療費の領収書など書類は多岐に渡るがここでは詳細は省略	
13-4	名義資産や名義負債関連	被相続人が他人（配偶者や子供等）名義の口座に預金を預けているものや、被相続人が資金を拠出して購入した不動産で名義は被相続人以外のものなどがある場合に必要	資産の種類に応じて本書のリストに沿って問い合わせる	
13-5	障害者手帳のコピー	法定相続人に障害者がいる場合、相続税額より一定額の控除がある	手元にあるものを用意	
13-6	過去の相続税申告書	今回の相続財産の中に、過去相続によって取得された財産がある場合には、当時の相続税申告書を用意する。過去10年以内の場合には一定の控除があある	手元にあるものを用意	

※1 自筆証書遺言について、家庭裁判所の検認を受けている場合には、検認の証明書も用意

巻末付録

土地の評価に用いる各種補正率表

1. 間口狭小補正率表

P63 とあわせて参照ください

地区区分 間口距離 （メートル）	ビル街 地区	高度商業 地区	繁華街 地区	普通商業・ 併用住宅 地区	普通住宅 地区	中小工場 地区	大工場 地区
4 未満	-	0.85	0.9	0.9	0.9	0.8	0.8
4 以上 6 未満	-	0.94	1	0.97	0.94	0.85	0.85
6 〃 8 〃	-	0.97		1	0.97	0.9	0.9
8 〃 10 〃	0.95	1			1	0.95	0.95
10 〃 16 〃	0.97					1	0.97
16 〃 22 〃	0.98						0.98
22 〃 28 〃	0.99						0.99
28 〃	1						1

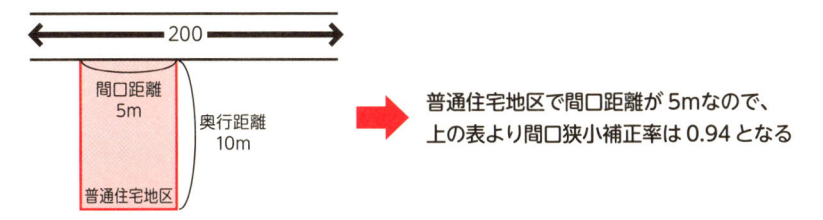

間口距離 5m
奥行距離 10m
普通住宅地区

➡ 普通住宅地区で間口距離が 5m なので、
上の表より間口狭小補正率は 0.94 となる

2. 奥行長大補正率表

P63 とあわせて参照ください

地区区分 奥行距離 間口距離	ビル街地区	高度商業地区 繁華街地区 普通商業・併用住宅地区	普通住宅地区	中小工場地区	大工場地区
2 以上 3 未満	1	1	0.98	1	1
3 〃 4 〃		0.99	0.96	0.99	
4 〃 5 〃		0.98	0.94	0.98	
5 〃 6 〃		0.96	0.92	0.96	
6 〃 7 〃		0.94	0.9	0.94	
7 〃 8 〃		0.92		0.92	
8 〃		0.9		0.9	

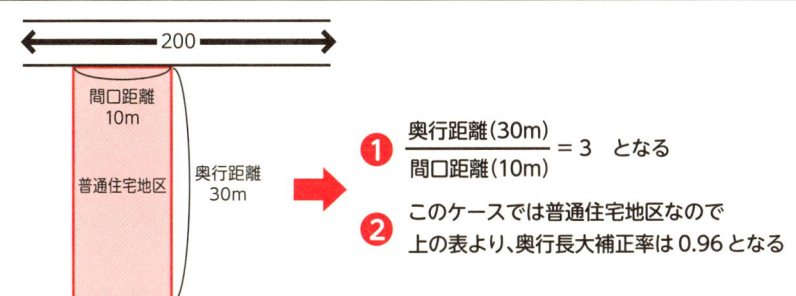

間口距離 10m
普通住宅地区
奥行距離 30m

➡
❶ $\dfrac{\text{奥行距離}(30m)}{\text{間口距離}(10m)} = 3$ となる

❷ このケースでは普通住宅地区なので
上の表より、奥行長大補正率は 0.96 となる

奥行価格補正率表

※ P61で紹介しきれなかった分も含めて参考にしてください

奥行距離 (メートル)	ビル街 地区	高度商業 地区	繁華街 地区	普通商業・ 併用住宅 地区	普通住宅 地区	中小工場 地区	大工場 地区
4未満	0.8	0.9	0.9	0.9	0.9	0.85	0.85
4以上6未満		0.92	0.92	0.92	0.92	0.9	0.9
6 〃 8 〃	0.84	0.94	0.95	0.95	0.95	0.93	0.93
8 〃 10 〃	0.88	0.96	0.97	0.97	0.97	0.95	0.95
10 〃 12 〃	0.9	0.98	0.99	0.99	1	0.96	0.96
12 〃 14 〃	0.91	0.99	1	1		0.97	0.97
14 〃 16 〃	0.92	1				0.98	0.98
16 〃 20 〃	0.93					0.99	0.99
20 〃 24 〃	0.94					1	1
24 〃 28 〃	0.95				0.99		
28 〃 32 〃	0.96		0.98		0.98		
32 〃 36 〃	0.97		0.96	0.98	0.96		
36 〃 40 〃	0.98		0.94	0.96	0.94		
40 〃 44 〃	0.99		0.92	0.94	0.92		
44 〃 48 〃	1		0.9	0.92	0.91		
48 〃 52 〃		0.99	0.88	0.9	0.9		
52 〃 56 〃		0.98	0.87	0.88	0.88		
56 〃 60 〃		0.97	0.86	0.87	0.87		
60 〃 64 〃		0.96	0.85	0.86	0.86	0.99	
64 〃 68 〃		0.95	0.84	0.85	0.85	0.98	
68 〃 72 〃		0.94	0.83	0.84	0.84	0.97	
72 〃 76 〃		0.93	0.82	0.83	0.83	0.96	
76 〃 80 〃		0.92	0.81	0.82			
80 〃 84 〃		0.9	0.8	0.81	0.82	0.93	
84 〃 88 〃		0.88		0.8			
88 〃 92 〃		0.86			0.81	0.9	
92 〃 96 〃	0.99	0.84					
96 〃 100 〃	0.97	0.82					
100 〃	0.95	0.8			0.8		

出所：国税庁「奥行価格補正率表」https://www.nta.go.jp/shiraberu/zeiho-kaishaku/tsutatsu/kihon/sisan/hyoka/02/07.htm

3. 不整形地補正率を算出する際の地積区分表

※本書では下にある「4、不整形地補正率表」を求めるために利用します

地区区分＼地積区分	A	B	C
高度商業地区	1,000㎡未満	1,000㎡以上 1,500㎡未満	1,500㎡以上
繁華街地区	450㎡未満	450㎡以上 700㎡未満	700㎡以上
普通商業・併用住宅地区	650㎡未満	650㎡以上 1,000㎡未満	1,000㎡以上
普通住宅地区	500㎡未満	500㎡以上 750㎡未満	750㎡以上
中小工場地区	3,500㎡未満	3,500㎡以上 5,000㎡未満	5,000㎡以上

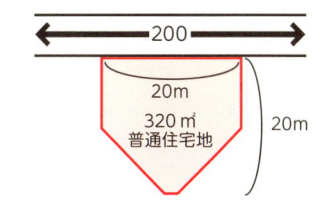

❶ この不整形地は普通住宅地区にある 320 ㎡の土地なので、左の図より地積区分は A となる

4. 不整形地補正率表

地区区分＼地積区分＼かげ地割合	高度商業地区、繁華街地区、普通商業・併用住宅地区、中小工場地区			普通住宅地区		
	A	B	C	A	B	C
10%以上	0.99	0.99	1	0.98	0.99	0.99
15%　〃	0.98	0.99	0.99	0.96	0.98	0.99
20%　〃	0.97	0.98	0.99	0.94	0.97	0.98
25%　〃	0.96	0.98	0.99	0.92	0.95	0.97
30%　〃	0.94	0.97	0.98	0.9	0.93	0.96
35%　〃	0.92	0.95	0.98	0.88	0.91	0.94
40%　〃	0.9	0.93	0.97	0.85	0.88	0.92
45%　〃	0.87	0.91	0.95	0.82	0.85	0.9
50%　〃	0.84	0.89	0.93	0.79	0.82	0.87
55%　〃	0.8	0.87	0.9	0.75	0.78	0.83
60%　〃	0.76	0.84	0.86	0.7	0.73	0.78
65%　〃	0.7	0.75	0.8	0.6	0.65	0.7

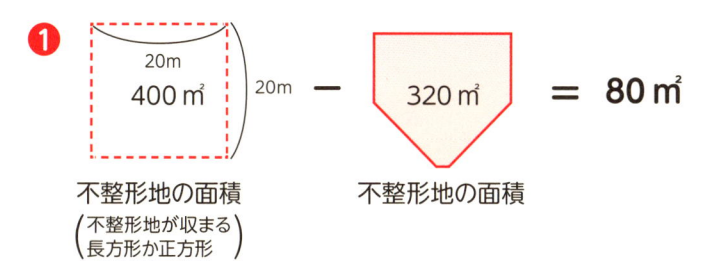

❶ 400㎡ − 320㎡ = 80㎡

不整形地の面積（不整形地が収まる長方形か正方形）　不整形地の面積

❷ かげ地割合は $\dfrac{\text{かげ地割合は想定整形地の面積−不整形地の面積}}{\text{想定整形地の面積}} = \dfrac{80}{400} \times 100 = 20\%$

❸ かげ地割合が 20％で地積区分が A の不整形地補正率は上の表より 0.94 となる

相続時精算課税制度	162
相続税の申告期限	48
相続税の速算表	88
相続放棄	37
想定整形地	64
贈与契約書	108
贈与税額控除	90
贈与税の速算表	151
側方路線影響加算率	66

た行

大工場地区	57
代襲相続	42
地区区分	57
地目	54
中小工場地区	57
調停委員	194
直系尊属	40
賃貸割合	76
登記申請書	199
特定居住用宅地の評価減の特例	73
特定事業用地の評価減の特例	74
特別受益	46
特別贈与財産	150
特例税率	168

な行

二方路線影響加算率	66

は行

配偶者控除（おしどり贈与）	152
配偶者の税額軽減控除	92
廃除	37
倍率方式	58
繁華街地区	57
被相続人	28
秘密証書遺言	187
ビル街地区	57
不整形地補正率	62
普通住宅地区	57
普通商業・併用住宅地区	57
法定相続人	40

ま行

間口狭小補正率	62
未成年者控除	94
みなし相続財産	31
無申告加算税	50

や行

遺言執行者	189
遺言書	186
養子縁組	104

ら行

暦年課税	148
路線価図	56
路線価方式	55

索引

あ行

按分	88
家なき子特例	73
遺産分割協議書	192
一般税率	4
一般贈与財産	150
一筆の土地	54
委任状	198
遺留分	43
裏面路線価	66
延滞税	50
奥行価格補正率	60
奥行長大補正率	62

か行

外国税額控除	100
画地	54
かげ地割合	65
貸付事業用宅地の評価減の特例	74
貸家建付地	76
角地	68
基礎控除（相続税）	38
基礎控除（贈与税）	148
寄与分	46
教育資金の一括贈与の特例	154
欠格	37
結婚・子育て資金の一括贈与の特例	160
血族	40
限定承認	49
公正証書遺言	187
高度商業地区	57
戸籍謄本	203
固定資産税評価額	106

さ行

債務控除	34
自筆証書遺言	187
借地権割合	56
借家権割合	76
受遺者	30
重加算税	50
住宅取得等資金の相続時精算課税の特例	163
住宅取得等資金の贈与税の特例	156
準確定申告	49
準角地	68
省エネ等住宅	159
障害者控除	96
小規模宅地等の評価減の特例	72
上場株式の評価方法	80
正面路線価	66
生前贈与	29
生前贈与財産	32
生命保険金の非課税限度額	102
生命保険の評価方法	82
葬式費用	34
相次相続控除	98

【お問い合わせについて】

本書に関するご質問や正誤表については下記 Web サイトをご参照ください。

正誤表 http://www.shoeisha.co.jp/book/errata/
刊行物 Q&A http://www.shoeisha.co.jp/book/qa/

インターネットをご利用でない場合は、FAX または郵便にて、お問い合わせください。回答は、ご質問いただいた手段によってご返事申し上げます。

宛先 〒160-0006 東京都新宿区舟町5 (株)翔泳社 愛読者サービスセンター
FAX 番号 03-5362-3818
電話でのご質問は、お受けしておりません。

※本書の出版にあたっては正確な記述につとめましたが、著者や出版社などのいずれも、本書の内容に対してなんらかの保証をするものではありません。
※本書に記載されている情報は 2015 年 8 月執筆時点のものです。

著者

税理士法人チェスター

相続税申告を専門に取り扱う税理士法人で、扱う案件は年間 200 件以上、累計で 1000 件を超える税理士業界トップクラスの実績がある。相続税の節税や、揉めないための相続の生前対策、遺言の作成、相続関連セミナー等、相続に関する相談に幅広く対応。低価格（1 案件 20 万円〜）で、スピーディー（最短 1 カ月）に質の高い相続税申告を行うスタイルは、業界でも定評あり。ネット上でも「税理士法人チェスター」のほか、「相続税還付.jp」などを運営、幅広く活動している。東京と大阪の 2 拠点体制。

代表者：福留正明(公認会計士・税理士・行政書士) 荒巻善宏(公認会計士・税理士・行政書士)
大阪事務所代表：伊原慶（税理士）

税理士法人チェスター http://chester-tax.com/
相続税還付.jp http://souzokuzei-kanpu.jp/
Email:info@chester-tax.com

カバーデザイン	河南祐介
カバー・本文イラスト	鈴木勇介
本文デザイン・DTP	有限会社ムーブ
編集	昆清徳（株式会社翔泳社）

ど素人ができる相続&贈与の申告

2015 年 9 月 11 日 初 版 第 1 刷発行
2016 年 9 月 5 日 初 版 第 2 刷発行

著　　者	税理士法人チェスター
発 行 人	佐々木 幹夫
発 行 所	株式会社 翔泳社（http://www.shoeisha.co.jp）
印刷・製本	日経印刷株式会社

©2015 Chester Certified Public Tax Accountants'Co

本書へのお問い合わせについては当ページに記載の内容をお読みください。

落丁・乱丁はお取り替えいたします。03-5362-3705 までご連絡ください。

本書は著作権法上の保護を受けています。本書の一部または全部について、株式会社翔泳社から文書による許諾を得ずに、いかなる方法においても無断で複写、複製することは禁じられています。

ISBN 978-4-7981-4284-5　　　　　　Printed in Japan